Denise Chauvel
Viviane Michel

les sciences dès la maternelle

RETZ
1, RUE DU DÉPART
75014 PARIS

Secrétariat éditorial :
Hélène Baron
Culs-de-lampe :
Régis Macioszczyk
Schémas :
Claudine Pifféro

Sommaire

Introduction

Dans leur compréhension intuitive de l'essence des choses, les hommes ont souvent pressenti l'existence de phénomènes qui, un jour, se sont révélés être, à travers une approche rationnelle, des faits scientifiques. « Les pierres comme les étoiles sont nos sœurs. » Rapprochant ce proverbe indien des conquêtes des sciences d'aujourd'hui, Hubert Reeves écrit : « La science nous enseigne que tout ce qui existe – pierre, étoile, grenouille ou être humain – est fait de la même matière, des mêmes particules élémentaires... Les étoiles se contentent de briller, les bactéries se meuvent et se reproduisent mais l'être humain accomplit la plus haute performance jamais réalisée dans l'univers : prendre conscience de sa propre existence et de celle du monde extérieur. »
Dès son plus jeune âge, l'enfant se construit peu à peu à travers une quête d'appropriation de son corps et des choses. C'est un des objectifs de l'école que d'utiliser cette soif de découverte pour aider l'enfant à développer ses aptitudes à penser, valoriser son désir d'apprendre et lui faire découvrir le plaisir de connaître : « Il s'agit que l'enfant, par diverses activités, développe ses capacités de sentir, d'agir, de parler, de réfléchir et d'imaginer dans le temps même qu'il élargit son expérience, explore le monde et étend ses connaissances : l'école répond aussi à son appétit d'apprendre et le stimule toujours » (IO-85).

Caractéristiques de la mentalité enfantine
Dans son approche du réel, l'enfant se trouve dans un état d'esprit similaire à celui des premiers chercheurs de l'Antiquité, état d'esprit où prédomine l'imaginaire, l'affectivité, où l'intuition joue un rôle essentiel, et où l'explication n'a pas besoin d'être unique. De

plus, l'enfant se découvre comme être animé, capable de fabriquer, et se construit par la projection de ses prises de conscience sur le monde. C'est à partir de leurs confrontations successives qu'il réélabore ses propres représentations.
La difficulté pour l'adulte, dans le cadre des activités scientifiques et technologiques, est de respecter et de reconnaître à l'enfant le droit à son mode de pensée.

Instructions officielles de l'école (IO-85)
Dans l'objectif de « développer toutes les possibilités de l'enfant afin de former sa personnalité et de lui donner les meilleures chances de réussir à l'école et dans la vie », le maître s'adresse à l'être dans sa globalité.
« D'abord centrés sur des activités et des jeux de type sensori-moteur..., les enfants s'éveillent progressivement à d'autres formes de curiosité. Ainsi... la vie des animaux et des plantes, les phénomènes naturels, les objets fabriqués par l'homme, les images et les livres les attirent particulièrement... »
« Entre 5 et 6 ans, les enfants découvrent des règles, en inventent pour eux-mêmes..., portent un intérêt neuf aux connaissances en elles-mêmes... et tendent à rechercher des activités plus structurées et mieux définies. »

Répondant à ces intérêts, *les activités scientifiques et technologiques* permettent de focaliser le regard de l'enfant sur un des aspects d'une même réalité, regard qui peut être dirigé à un autre moment sur son aspect sensoriel ou esthétique.
Cet intérêt scientifique naît chez l'enfant sous l'emprise de la curiosité ou de l'émerveillement. L'affectivité est toujours le moteur du dynamisme de la recherche enfantine, et c'est à l'enseignant de créer ou de repérer ces moments d'interrogation ou de jubilation afin de les exploiter.
Ainsi, les points de départ de ces activités à caractère « scientifique » prennent parfois naissance dans les activités coutumières de la classe : pesées dans le coin épicerie, jeux d'eau, jeux de construction, soins accordés aux plantes, jeux corporels d'équilibre, recherches en arts plastiques... Elles peuvent surgir d'occasions provoquées par l'enfant : découverte fortuite d'un petit animal, apport d'un album, et bien sûr, par l'adulte grâce à l'aménagement d'un « coin d'explorations », l'apport d'un conte, d'une comptine, des ressources offertes par une sortie.

« Le but des activités scientifiques et techniques est toujours de poser et de résoudre un problème... » Elles « permettent à l'enfant d'explorer, de découvrir et de fabriquer », et de conquérir les connaissances qui sont à sa portée.
Dans ce cadre, le rôle de l'adulte est de permettre à l'enfant de développer son ingéniosité et de l'aider à mettre de l'ordre dans sa représentation de l'univers. Il éduque les pouvoirs qui existent déjà chez l'enfant comme les facultés d'observer, d'analyser, de comparer, d'établir des ressemblances et des différences, d'ordonner, de classer, de mettre en relation, de concevoir, de fabriquer, d'émettre des hypothèses, d'expérimenter, de constituer des catégories sensibles...

Dans la mise en œuvre de l'action éducative, le maître a plusieurs objectifs successifs.
1. Il sollicite les explorations multiples en aménageant le milieu et en l'enrichissant en fonction des intérêts manifestés par les enfants. Dans ce but, il installe un coin exploration où l'enfant trouve des « objets captivants » et variés comme des aimants, des miroirs, des loupes, des lunettes, des jumelles, des microscopes, des balances, des boussoles, des réveils...
Ce moment permet l'appropriation d'un matériel nouveau, la diversification des actions et la naissance de projets individuels. Par son attitude d'accueil et d'écoute, le maître aide chaque enfant à entreprendre et s'émerveille avec lui devant ses découvertes. Il observe les comportements, identifie les savoirs et les procédures employées, accepte toutes les propositions et encourage les questionnements. Par un jeu d'interactions, où chacun est leader à son tour, chaque enfant apprend à l'adulte ce qu'il est, ce qu'il aime, ce qu'il sait.
2. Dans un deuxième temps, le maître aménage des situations permettant de centrer l'attention des enfants sur une question précise, en rapport avec l'intérêt manifesté.
Ce moment permet à chacun de se livrer à des essais, à des détours, à des variations personnelles : le maître accompagne les enfants, et « leur laisse le temps de tâtonner, d'expérimenter, d'ébaucher une procédure ». Par l'organisation de sa classe en « ateliers », il favorise les échanges entre enfants, facilitant discussions, explications et initiations.
3. Dans un troisième temps, il permet la coordination des expériences et des raisonnements et ménage des démarches plus rigoureuses dans une situation de questionnement précis; il valorise

l'effort fourni par l'intérêt qu'il porte aux résultats de leur recherche.
Afin d'éviter l'enlisement d'un enfant ou d'un groupe dans une difficulté, le maître « aide à la résolution des problèmes... en montrant parfois comment il faut s'y prendre. Cette aide n'est la bienvenue que si le maître sait quand la donner, ni prématurément, ni complètement parfois, ni systématiquement surtout ».
A chaque moment de la démarche, il utilise la capacité des enfants à découvrir des règles de jeu ou à adopter celles d'un groupe, pour créer une authentique situation de recherche. D'autre part, le maître propose des jeux pour faciliter certaines prises de conscience.
Les IO de 1985 nous rappellent aussi que l'enseignant « doit veiller à ne pas négliger les facteurs qui interviennent dans l'évolution cognitive de l'enfant (motricité, affectivité, environnement social et culturel...) ». Dans ce but, il enrichit l'imaginaire de l'enfant par l'apport de contes, de récits mythologiques, d'albums de reproduction d'œuvres d'art, poésies, musiques, en rapport avec les centres d'intérêt du moment. A chaque fois que la recherche s'y prête, il favorise la dimension corporelle :
Exemple : mesurer en utilisant son corps comme référence, ressentir des sensations d'équilibre sur une balançoire à bascule, de flottaison à la piscine, d'accélération sur un plan incliné, appréhender un milieu avec tous ses sens...

Le rôle de l'écrit

Les traces de ces expériences associant photos, représentations enfantines et écrits d'enfants ou d'adultes, permettent de valoriser le rôle de l'écrit en tant que mémoire et de créer des fiches de référence.
A travers les recherches de documents, l'enfant est amené à décoder des images, des écrits et à comprendre leur rôle en tant que porteurs de sens.

Le contenu de cet ouvrage comprend des comptes rendus de moments de vie de la classe autour de deux thèmes : l'un approchant les sciences de la nature et de la vie, l'autre les sciences physiques et technologiques. Chaque thème comporte un ensemble de « sujets » retraçant une expérience vécue avec des enfants de grande section. Les points de départ sont variés, les démarches

quelquefois différentes de celle qui vient d'être exposée, par compression d'une phase ou d'une autre de la démarche.
On peut penser que les enfants, disposant de cheminements variés pour intégrer des « savoir-faire » et des contenus, trouvent leur compte dans la diversité des approches.

Dans chaque sujet, l'enseignant peut trouver pour lui-même :
– des rappels théoriques qui lui permettent de comprendre la nature des phénomènes auxquels l'enfant est confronté. Cette partie apporte à l'enseignant des renseignements en rapport avec l'intérêt que peut porter l'enfant à observer, surtout dans le domaine du visible et du sensible. Sont volontairement laissés de côté certains aspects non apparents ou non soupçonnés. Si quelques interrogations sont posées dans ces domaines, l'enseignant doit se tourner vers une documentation plus approfondie ;
– une bibliographie, avec des références de contes, d'albums, de sources documentaires.
Il sera par ailleurs très enrichissant de rechercher pour chaque thème les correspondances symboliques, ferments culturels pour l'imaginaire, que l'adulte utilisera dans son choix de contes, de récits mythologiques, de poèmes, d'œuvres d'art... susceptibles de nourrir l'imaginaire de l'enfant et de lui permettre d'investir un objet d'une charge affective : il lui fait vivre ainsi une démarche complémentaire à celle de l'analyse rationnelle.
L'idéal serait d'offrir à l'enfant « une pédagogie qui ne renoncerait, ni aux rigueurs de l'intelligence, ni aux dérives de l'imaginaire » (Georges Jean [1]).

1. *Le pouvoir des contes,* Casterman.

Première partie

LA NATURE ET LA VIE

Denise Chauvel

Le corps

Objectifs généraux

– S'interroger sur la vie de son corps et celle des autres.
– Recueillir les informations qu'il reçoit et essayer de les traduire.
– Se situer dans l'espace, dans le temps.
– Se situer par rapport aux autres.

Sujets traités

Les enfants expriment spontanément ce qu'ils vivent, constatent, ressentent : *mon corps bouge, se repose, a froid, a faim... il grandit.*
A partir de ces renseignements, l'enseignant dresse une liste des différentes actions ou manifestations du corps chez l'enfant et leur correspondance physiologique ou anatomique.

Je mange → la digestion	Je sens → le nez
Je cours → la respiration	Je touche → la peau
Je saigne → la circulation	Je suis debout → les os, les muscles
Je vois → les yeux	Je porte → les muscles
Je goûte → la langue	Je marche → les jambes, les pieds
J'entends → les oreilles	Je tiens → les mains

et j'ai le cœur qui bat...

Avec ces éléments d'information récoltés au cours de la vie de la classe, des activités pédagogiques sont organisées par l'enseignant.
Quelques sujets sont proposés dans ce chapitre. Le thème étant très vaste, ils ont été choisis en fonction de l'intérêt des enfants, ce sont :
– l'alimentation, la digestion,
– les 5 sens,
– le squelette, les os, les muscles,
– la respiration.
Il est évident que ces sujets sont à traiter conjointement, les enfants pouvant ressentir des événements corporels entraînant des découvertes et les conduisant à s'interroger sur la globalité de leur organisme.

L'alimentation – La digestion

Objectifs spécifiques

– Approche de la fonction de nutrition.
– Approche du rythme biologique.
– Réflexion sur la santé.
– Observation et classification des aliments.

Situations de départ

- Au cours d'un petit déjeuner, d'un goûter dans la classe, un enfant s'interroge sur le trajet d'un morceau de gâteau dans son corps.
- Un enfant s'étrangle en mangeant.
- Un autre avale un bonbon.
- Il est midi, certains enfants ont faim.
- Un enfant est malade, il vomit.

Observations avec pistes incitatrices

Les enfants recherchent comment leur corps les renseigne :

Quand j'ai faim, j'ai mal au cœur, à la tête...
Quand j'ai trop mangé, j'ai mal au ventre, je vomis.
Quelquefois j'ai la colique.
Quand j'ai mal aux dents, maman me dit que j'ai mangé trop de bonbons.

Que mangeons-nous?
Il s'agit d'amener l'enfant à prendre conscience de la variété des aliments : ceux qui viennent des végétaux, ceux qui viennent des animaux, les liquides. Les aliments qui se mangent crus, ceux qui se mangent cuits, ceux qui se mangent sucrés, ceux qui se mangent salés. Il s'en suit de nombreux classements organisés autour d'images, photos ou dessins, découpées dans des magazines, des publicités.
La classe invente des menus pour un repas en classe, un pique-nique, ou pour la cantine. Les enfants font des suggestions pour améliorer, diversifier, rendre plus « gai » le contenu des repas de cantine, quand c'est possible.

Pour ce faire l'enseignant apporte sous forme d'images les grandes familles d'aliments nécessaires à l'équilibre du menu. Ce sont :
– la viande, les œufs et le poisson,
– les fruits et les légumes,
– le lait, le fromage, la crème, les yaourts...,
– les matières grasses,
– le pain, le sucre, les pâtes, les légumes secs,
– les boissons.

Quand mangeons-nous?
L'inventaire des repas quotidiens est dressé. Puis les enfants groupent les aliments en fonction d'un repas donné : par exemple la viande au déjeuner, le bol de chocolat au petit déjeuner. Ils se dessinent à chacun de ces moments. Ces dessins sont utilisés pour jalonner le temps et aider à prendre conscience du déroulement de la journée.

> *Je mange aussi, des fois, quand j'ai faim.* Les enfants cherchent à quels moments ils ont faim : *Le matin quand je me lève, à midi à l'heure des mamans, le goûter, j'aime bien le goûter!, le soir avant d'aller me coucher, aussi quand je vais me promener longtemps, je suis fatiguée, j'ai faim, j'ai soif quand j'ai couru... quand il fait chaud.*

Où vont les aliments?
L'enseignant profite, par exemple, d'un atelier cuisine à l'issue duquel la classe déguste sa production, pour demander aux enfants de s'exprimer sur le devenir de leur morceau de gâteau.

> *Je l'ai croqué... je l'ai mâché... ça fait de la bouillie... je l'avale avec ma salive... il va dans la gorge... il va dans le ventre... dans un tuyau... après c'est le caca, le pipi... si on mange trop on est malade, on vomit... si on veut grandir il faut manger.*

Pour clarifier toutes ces constatations, l'enseignant apporte un ouvrage de sciences de l'école primaire (ou autres documents), il aide l'enfant à « lire » les images, lui montre le trajet des aliments. Des dessins s'en suivent.

L'adulte peut préciser aux enfants que les aliments sont digérés dans l'estomac et l'intestin, puis transportés et distribués dans tout le corps pour le faire vivre, grandir. Ce qui n'est pas assimilé est rejeté par l'anus. Il est indispensable de donner le vocabulaire exact aux enfants, même s'il n'est pas courant. Exemple : *digérer, anus...*

Il conviendra de rappeler le rôle important des dents pour mastiquer et comment les protéger par l'hygiène dentaire : ne pas manger trop de sucreries, se brosser les dents le matin et le soir pour éviter les caries.

Les enfants recherchent :

– les actions ou états concernant l'alimentation : mâcher, avaler, cracher, lécher, sucer, vomir, croquer, s'étrangler, saliver, avoir faim, avoir soif;

– les bruits du corps en rapport avec la nourriture : les gargouillis du ventre, les rots, les pets, les bruits des mâchoires.

Quelques prolongements

– Composer un bonhomme en découpant des aliments dans des revues et en les collant : un chou pour la tête, un poulet pour le ventre, des carottes pour les bras, des radis pour les mains, des baguettes de pain pour les jambes, des pommes pour les pieds.

– Inventer un menu pour un ogre, une fée, le Petit Poucet.

– Composer un menu avec ses plats préférés.

– Faire des menus avec des aliments de même couleur – par exemple « manger rouge » (fraise, tomate, radis, steak, sirop de grenadine).

Les cinq sens

Objectifs spécifiques

– Affinement du schéma corporel à travers les organes des sens.

– Utilisation des perceptions sensorielles pour apprendre à mieux regarder, toucher, sentir, écouter, goûter.

– Approche d'une communication sensible avec le monde environnant.

La vue

Situations de départ

• Un enfant doit porter des lunettes. Il explique à la classe sa visite chez le médecin, puis l'opticien et, s'il le peut, le rôle de ses lunettes.

- Un enfant a un œil qui lui fait mal, de la conjonctivite, un orgelet.
- La classe découvre l'utilisation de la loupe, de jumelles.
- Les enfants constatent, tout simplement, que, les yeux bandés, ils ne voient plus rien.

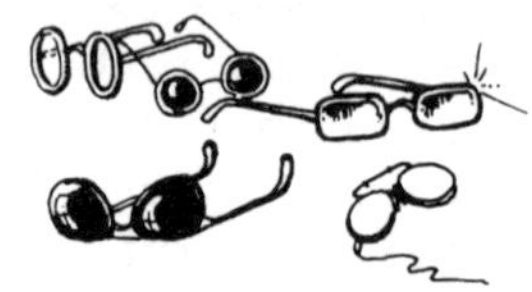

Observations avec pistes incitatrices

Les enfants, à l'aide de petits miroirs individuels, apportés de chez eux ou appartenant à la classe, regardent leurs yeux : la couleur de l'iris; la pupille; le blanc; les paupières; les cils; les sourcils.
Ils observent également les yeux d'un autre enfant, qui doit les faire bouger : il les ouvre plus ou moins, les ferme, cligne des yeux, les fait bouger en regardant d'un côté, de l'autre, rit, se fâche. Ils constatent ainsi que l'œil est très mobile, même au repos; que les paupières s'ouvrent et se ferment *(On les ferme quand il y a du vent... des poussières... quand on veut dormir... elles font le noir... avec les cils elles sont encore mieux fermées).*
Les enfants comparent la couleur de leurs yeux, la forme (ronde, allongée).

Avec les yeux on voit

De près... de loin... quand on est près on voit les choses en grand, elles sont toutes petites quand on est loin... on peut prendre des jumelles... Ils servent à pleurer, on a des larmes, elles sont salées.
Les enfants recherchent *les maladies de l'œil :* l'œil est rouge, c'est la conjonctivite. Il a un petit bouton, c'est un orgelet. Le médecin le soigne *avec des pommades, des gouttes... on a mal aux yeux quand on a une poussière, du sable dedans. Quand il y a du soleil, il faut mettre des lunettes de soleil.*
Les personnes, les enfants qui portent des lunettes ne voient pas de loin ou de près. Quand on ne voit pas du tout, on est aveugle.
Les enfants font un inventaire :
– des *actions* ou *états* concernant la vue : voir, regarder, loucher, pleurer, dormir, se fâcher;
– d'objets utilisés avec les yeux : les lunettes, la loupe, les jumelles, le microscope, la lunette astronomique, l'appareil photo. Tous ces objets peuvent être apportés en classe et utilisés (voir chapitres sur l'astronomie, la mare).

Quelques expériences

– Regarder l'œil d'un autre enfant en l'éclairant avec une lampe, puis le regarder dans la demi-obscurité. L'enfant observe le changement produit et constate que le petit rond (la pupille) change de dimension. Elle se dilate, grandit dans l'obscurité, se rétrécit à la lumière.
– Décrire son champ de vision avec les deux yeux. Dire ce que l'on voit le plus loin à gauche, puis le plus loin à droite, sans bouger la tête. Le faire ensuite avec un œil fermé, puis avec l'autre.

L'odorat

Situations de départ

- Le coin coiffure s'est enrichi de flacons odorants, de savonnettes.
- L'atelier cuisine comporte des ingrédients variés et parfumés.
- La poupée de classe, avec l'aide de la maîtresse, s'est parfumée.
- Les toilettes de l'école ont des problèmes de canalisation, une odeur nauséabonde s'est répandue.
- L'atelier jardinage a permis de faire pousser des jacinthes.
- Une promenade en forêt offre à la classe des odeurs de feuilles mortes, de mousses, de champignons.
- L'histoire de Pinocchio est racontée en classe.

Observations avec pistes incitatrices

La découverte de nouvelles odeurs donne l'occasion de faire une comparaison entre la respiration et l'odorat. Le nez est l'acteur principal mais, *pour sentir, il faut respirer, c'est l'air qui rentre, c'est l'air qui sent une odeur... des fois c'est la fleur qui sent... des fois ça ne sent rien quand je respire.*
Les enfants concluent que c'est grâce au nez qu'ils sentent les odeurs.
A l'aide des petits miroirs, ils observent leur nez. *Je peux le faire bouger tout seul et aussi avec mes mains.* Les enfants font bouger leur nez. Ils voient leurs narines, un enfant en bouche une : *Je peux respirer quand même... quand on est enrhumé, que le nez est bouché, c'est*

difficile de respirer. Des fois, les messieurs ont des poils dans le nez. L'enseignant explique et montre à l'aide de documents que tous les gens, même les enfants, ont des poils : ils empêchent les poussières de rentrer.
Le nez est au milieu de la figure. Les enfants essaient de le situer au-dessus de la bouche, entre les deux yeux, un peu au-dessous.
En le touchant, les enfants constatent que le dessus est dur, il y a un os, le bout est mou, entre les deux mains il y a *comme un petit mur, devant mou et après un peu dur.*
En consultant des revues, des albums, la classe constate qu'il y a des nez différents : Cyrano de Bergerac, Pinocchio, M. Curieux (voir bibliographie). Les enfants comparent la forme de leurs nez.
Ils recherchent *les maladies du nez :* le rhume, les saignements de nez. « Le nez qui coule » permet d'introduire une notion d'hygiène : bien se moucher, surtout quand on est enrhumé.
Ils font un inventaire des actions ou états ayant un rapport avec l'odorat, le nez : respirer, sentir, renifler, éternuer, saigner du nez, pleurer *(quand on pleure, on a le nez qui coule),* se mettre les doigts dans le nez.

Quelques jeux

– Dans des pots de yaourt opaques, recouverts d'un fin tissu tenu par un élastique, l'enseignante introduit différents ingrédients (ces pots sont préparés avec l'aide des enfants) : café, chocolat, vanille, morceaux de fromage... Les pots sont disposés sur des tables, chaque enfant prend un pot et doit en reconnaître l'odeur. Ensuite, ils sont remis en commun pour recommencer l'opération.
On peut faire de même avec des plantes aromatiques (thym, laurier, menthe, citronnelle) enfermées dans des enveloppes fines.

Par petits groupes, si les odeurs ont été enfermées en double exemplaire, les enfants peuvent les apparier.
– Dans le coin coiffure, un groupe d'enfants a pour consigne de remettre des bouchons (auparavant imbibés d'eau de toilette, de crème odorante) sur les flacons correspondants.
Un autre groupe apparie des savonnettes de même parfum enveloppées dans du papier de soie identique.
– Les yeux bandés, un enfant reconnaît la récolte d'une promenade en forêt (il ne doit pas toucher).

L'ouïe

Situations de départ

• Beaucoup de bruit empêche la classe de travailler, d'écouter.
• Une sortie en forêt a sensibilisé les enfants à l'écoute des bruits de la nature : le vent dans les arbres, le chant des oiseaux...
• Un enfant de la classe, malentendant, est appareillé.
• Un enfant a été malade : otite, oreillons.
• Des instruments de musique sont apportés dans la classe; les enfants essaient de les reconnaître au son qu'ils produisent.

Observations avec pistes incitatrices

A partir d'une de ces situations, une discussion s'engage sur le thème : *J'entends avec mes oreilles, le bruit rentre par le trou.*
Deux par deux, les enfants observent leurs oreilles :

> *Elles sont de chaque côté de la tête... elles ont des creux, des bosses... je vois le trou pour entendre... on peut le boucher, j'appuie avec mon doigt sur la petite peau un peu dure... quand on se bouche les oreilles, on entend moins fort... quelquefois il y a du liquide jaune, maman l'enlève avec un coton-tige.*

L'enseignant peut donner le nom de *cérumen*, celui du *pavillon* et celui du *tympan* en le comparant à la peau des tambourins.
La classe recherche :
– les maladies de l'oreille : otites, oreillons *(quand on n'entend pas, on est sourd);*
– les actions ou états qui la concernent : entendre, écouter, se boucher les oreilles, faire le sourd, tirer les oreilles;

– les différents bruits qui lui parviennent. Les enfants les classent : ceux qui sont agréables : le chant des oiseaux (le gazouillis), la musique (quand elle n'est pas trop forte), le bruit du vent, le chuchotement, la voix de maman, papa, la maîtresse *(quand ils ne sont pas fâchés);* ceux qui sont désagréables : les cris, les hurlements, le vacarme, le chahut, les bruits des avions, des autos, du tonnerre et les autres : craquement, éternuement, les bruits des pas, les miaulements, aboiements...

Jeux d'écoute

– Les yeux fermés, reconnaître la voix d'un enfant de la classe.
– Les yeux bandés, se diriger vers un bruit donné (tambourin, réveil...), se retrouver 2 par 2 en jouant du même instrument.
– Jeu des animaux : la moitié de la classe est répartie dans l'espace, sans bandeau sur les yeux, en émettant des cris d'animaux – par exemple : 4 enfants imitent le chat, 4 le chien, 4 le poussin, 4 le coq, 4 la poule, 4 l'oiseau, 4 l'âne, 4 le cochon. L'autre moitié représente ces mêmes animaux : les yeux bandés, chacun touche l'animal qu'il a choisi de représenter en le repérant par son cri.

Le toucher

Situations de départ

• Un album d'échantillons de papier peint ou de tissus est dans la classe.
• Au cours d'une sortie faite en forêt les enfants ont touché différentes écorces, des aiguilles de pin, de la mousse, des bogues de châtaignes.

• Dans l'atelier cuisine un groupe a manipulé de nombreux ingrédients.
• Un chemin fait par l'enseignant avec des matériaux divers – bois, toile, fourrure, velours, sable, carton ondulé, bouchons de liège...
– a été inauguré pieds nus.

Observations avec pistes incitatrices

Les enfants ont des difficultés à identifier quelle est la partie du corps qui les renseigne sur les différentes sensations du toucher. *Froid, chaud, ça pique, c'est doux, c'est dur, c'est mou... c'est ma main qui touche... je sens avec mes mains.* Après avoir expérimenté le chemin pieds nus, ils constatent que leurs pieds peuvent aussi les renseigner. L'enseignant ajoute alors l'expérience du chaud et froid sur la joue, le bras ou la cuisse, en plaçant simultanément un objet chaud, un objet froid sur ces parties du corps. Les enfants s'interrogent alors sur ce qu'il y a de commun entre ces parties du corps. *Les os, la peau... c'est la peau qui est dessus, c'est elle qui ressent le froid, le chaud.* Les enfants, aidés de l'enseignant, consultent s'ils le désirent des documents pour en savoir plus.
La classe recherche :
– les maladies ou accidents de la peau : brûlures, boutons, eczéma, coups de soleil, ampoules au pied, coupures, piqûres, verrues;
– les actions ou états la concernant : sentir, brûler, piquer, chatouiller, recevoir une fessée, avoir froid (chair de poule, frissonner), avoir chaud et transpirer.

Jeux

Le chemin tactile
Matériel : colle, bandes de carton assez fort, morceaux de laine, coton, différents tissus, sable, gravillons, copeaux, écorces, demi-bouchons de liège, carton ondulé, pièces de monnaie et toute autre idée des enfants.
Déroulement : les enfants, aidés de l'enseignant, réalisent le chemin tactile.
Pour que toute la classe puisse participer, plusieurs chemins peuvent être faits.

Exemple d'un chemin :

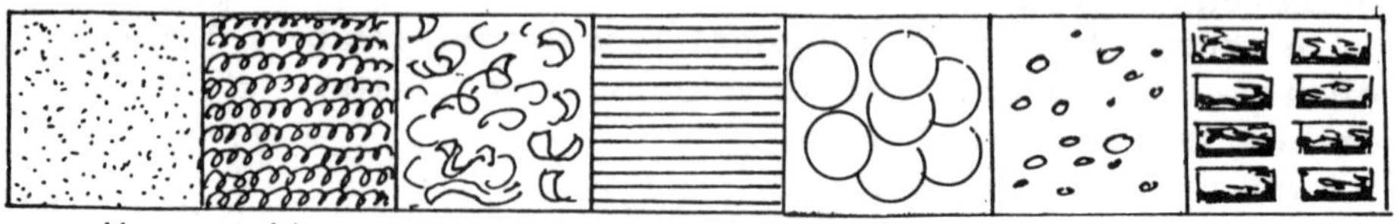

Les yeux ouverts, les enfants, pieds nus, essaient le chemin en décrivant d'abord leurs sensations, puis en nommant la nature du sol.
Les yeux bandés, ensuite, guidés par un autre enfant, ils essaient de reconnaître à nouveau le matériau.
De même un livre tactile – ou plusieurs – peut être réalisé.

Les trésors de la forêt
Matériel : boîtes à chaussures, foulards, mousse, feuilles, aiguilles de pin, pommes de pin, cailloux, écorces, branches..., des jetons.
Déroulement : une boîte contenant les objets, recouverte d'un foulard, est donnée pour 4 ou 5 enfants. Le premier joueur plonge la main dans la boîte, touche un objet, le nomme quand il l'a reconnu et le sort de la boîte. Si la réponse est bonne, il gagne un jeton puis remet l'objet dans la boîte. Si la réponse est fausse, il remet l'objet. Celui qui a le plus de jetons a gagné.

Toucher – dessiner
Matériel : boîtes à chaussures, foulards, objets hétéroclites de formes caractéristiques et faciles à dessiner (exemples : une clef, une cuillère, une feuille d'arbre, une poupée, une fleur, une casserole, une voiture...), feuille de papier, crayon, des jetons.
Déroulement : Les enfants sont groupés par 4 ou 5. Chacun a une boîte recouverte d'un foulard, contenant un objet. Il touche l'objet, le dessine. Les autres doivent reconnaître l'objet dessiné, puis vérifier. Si c'est exact, il remporte un pion et va chercher une autre boîte. Celui qui a le plus de pions a gagné.

Le goût

Situations de départ

- Atelier cuisine.
- Discussion autour du repas de cantine.
- Goûter d'anniversaire.
- Fruits, légumes de saison apportés par un enfant, par l'enseignant.

Observations avec pistes incitatrices

Les enfants, au cours d'une des situations citées, sont tous d'accord que *c'est dans la bouche* qu'ils reconnaissent si un gâteau est salé ou sucré. Quand le gâteau est dans la main, il ne renseigne pas sur son goût. Mais dans la bouche qui nous renseigne? La langue, le palais, les dents, les joues? Par petits groupes de 5, l'enseignant fait expérimenter les enfants. Il place à l'intérieur de la joue de l'enfant un peu de sucre ou de sel, il ne doit pas bouger la langue. Est-il renseigné?
Quand les 5 enfants ont fait le premier essai, il place sel ou sucre sur le palais, puis sur les dents et enfin sur la langue. Devant les premières réponses négatives, les enfants concluent que c'est la langue qui nous permet de goûter la saveur des aliments. A l'aide de nos petits miroirs, nous regardons notre langue, notre bouche, nos dents. Les enfants constatent qu'ils peuvent modifier la forme de leur langue. Elle peut être pointue mais aussi arrondie.
Les enfants recherchent :
– les maladies ou accidents de la langue : se mordre la langue, se brûler, les boutons (aphtes);
– les différents goûts : salé, sucré, épicé, poivré, doux, acide, goût du chocolat, de l'orange, de la fraise, du café...

Quelques jeux

– Par groupes de 4 ou 5, reconnaître des aliments déjà vus : après avoir fermé les yeux, des enfants goûtent des aliments présentés par un meneur de jeu :
– des fruits (par morceaux) : banane, pomme, poire...

 – des arômes en poudre : café, vanille, chocolat, sel...
 – des liquides : thé, café, chocolat, orangeade, citronnade...
 – des feuilles : épinard, menthe...
 – des confitures (plus difficile).
– Les yeux bandés trier des gâteaux salés et des gâteaux sucrés.

Le squelette et les muscles

Objectifs spécifiques

– Observer, sentir, dénommer les différentes parties du corps.
– S'interroger sur leur fonctionnement.
– Réfléchir à sa propre croissance.

Situations de départ

• La visite médicale.
• Une séance de piscine au cours de laquelle un enfant fait « tâter » ses muscles à un autre enfant.
• La réflexion d'un enfant enfilant un vêtement devenu trop petit, ses chaussons de gym en revenant de vacances *(j'ai grandi).*
• La construction d'un pantin articulé, qui peut se mouvoir dans tous les sens.
• Un enfant se cogne le genou, se frotte et remarque que c'est dur.

Observations avec pistes incitatrices

A partir de la dernière situation, les enfants touchent leur corps pour sentir les parties dures, ils sentent aussi les parties molles. *Les parties dures, c'est les os, les parties molles, c'est les muscles.*
Les enfants recherchent, en se palpant, les endroits du corps où il y a des os.

> *Il y en a beaucoup... il y en a un gros, tout rond sur la tête... il y a les grands os des jambes, des bras, et les petits des doigts... il n'y en a pas dans le ventre, il est tout mou, c'est les boyaux... si on n'avait pas d'os dans les jambes on ne pourrait pas tenir debout... pour bouger les os sont attachés, comme mon genou... dans les doigts les os sont petits et tous attachés.*

A partir de ces dernières constatations les enfants s'attardent sur leurs articulations.

La main tourne autour du poignet, elle va en avant, un peu en arrière.
Le bras peut aller en avant et en arrière... c'est l'épaule qui le fait tourner.
Le bras, en bas, va en avant, pas en arrière... il est plié au coude.
La jambe va en arrière et en avant.
La jambe en bas... c'est le tibia...
Elle va en arrière pas en avant, c'est le genou... le pied tourne au bout... c'est la cheville.
La tête va d'un côté, de l'autre, en avant, un peu en arrière... elle ne peut pas tourner autour du cou.
Pour tenir debout il y a la colonne le long du dos.

Quelques enfants ne savent pas où se trouve la colonne vertébrale. L'enseignant profite d'une séance de piscine ou provoque spontanément un déshabillage pour faire toucher, deux à deux, la colonne vertébrale. *Elle a des creux, des bosses... elle part de la tête et va jusqu'aux fesses... Quand on grandit, elle grandit aussi.*

Suite à la notion « grandir », chaque enfant se mesure sur une toise préparée par l'enseignant (une toise par enfant). Après chacune des petites vacances nous nous mesurons, la maîtresse participe aussi à l'opération. A la fin de l'année, du semestre, nous lisons les résultats et comparons : certains enfants ont grandi plus que d'autres, la maîtresse n'a pas grandi. La conclusion est évidente :
Tous les enfants ont grandi, pas la maîtresse, les « grandes personnes » ne grandissent plus.

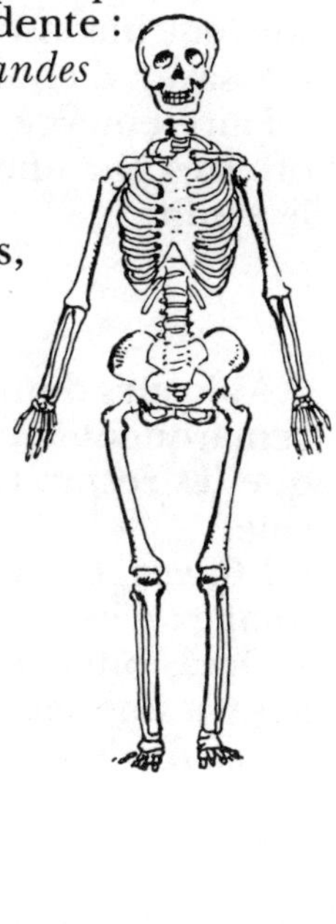

Pour compléter leurs connaissances l'enseignant apporte des documents dessinés ou photographiés, des radiographies.
Il propose aux enfants de dessiner tous leurs os : *le squelette.*
La classe cherche :
– les maladies des os : fracture, coup (quand on se cogne), foulure (articulation);
– les actions ou états les concernant : courir, sauter, marcher, boiter, lancer, attraper, taper, « dire oui ou non avec la tête »...

Quelques prolongements et exercices

– Confection d'un pantin par enfant avec du carton et des attaches parisiennes.
– Exercices de détente pour prendre conscience des muscles :
 – crisper les mains, les relâcher;
 – crisper les pieds, les relâcher;
 – allonger, crisper toutes les parties du corps, les relâcher;
 – rentrer le ventre, le relâcher.
– Séance de mime : utiliser les articulations pour décomposer le geste, lentement.
– Jeu du sculpteur : les enfants sont 2 par 2. L'un est le bloc de pierre (ou la pâte à modeler), l'autre le sculpteur. Le « bloc est immobile, le sculpteur déplace les parties du corps, du « bloc », pour lui donner la position qu'il a imaginée.
Un vote a lieu pour élire la plus jolie sculpture.

La respiration

Objectifs spécifiques

– Percevoir le fonctionnement automatique souvent inconscient de cette fonction.
– Essayer d'en dégager le rôle.
– Faire émerger les possibilités physiques offertes par une activité de la respiration; le souffle.

Situations de départ

• Au cours d'une séance de motricité, après une course, les enfants remarquent leur souffle rapide et bruyant. A l'inverse, ils constatent que les respirations ne s'entendent pas lorsqu'on découpe ou dessine.
• L'hiver, dans la cour, quand l'enfant respire, il produit un petit nuage : c'est de la vapeur d'eau.
• Occasionnellement un enfant souffle sur la table de son voisin : s'il y a une feuille, elle se déplace.
A partir de ces observations, une discussion est amorcée :

C'est de l'air qui sort... ou il rentre... il rentre et il sort par le nez... ou par la bouche... ou par les deux... si on ne respire pas, on est mort... quand je dors, je respire?

Ces réflexions nous conduisent à rechercher les différentes manifestations de la respiration pour en tirer certaines conclusions.

Observations avec pistes incitatrices

Nous travaillons sur la force de l'air que nous évacuons :
– une bougie allumée : je souffle, elle s'éteint;
– une paille et un verre d'eau : si je souffle fort dans l'eau, je fais de grosses bulles, si je souffle doucement, des petites;
– de l'eau savonneuse et une paille : je mets une paille dans l'eau, je souffle à l'extérieur, je fais des bulles dans l'air;
– une goutte d'encre fraîche sur une feuille et une paille. Je souffle dans la paille près de la goutte, elle se déplace et je peux faire un joli dessin;
– une balle de ping-pong dans la piscine ou dans le bac à eau : si je souffle, elle avance;
– une plume attachée à un fil léger : si je souffle elle se balance;
– avec des plumes : je souffle, elles volent;
– avec une flûte ou un autre instrument à vent : je produis des sons;
– avec un tuyau (gaine de fil électrique) : je souffle, je produis un son;
– dans la cour de récréation, l'hiver, si je souffle sur mes mains, je les réchauffe;
– si je respire dans une pièce froide, devant un miroir, il se couvre de buée;
– je me bouche le nez et la bouche : je ne peux plus respirer. Je ne peux rester longtemps dans cette situation;
– allongé sur le sol, je mets les mains sur ma poitrine ou sur mon ventre : elles sont soulevées;
– avec un autre enfant allongé sur le sol, un objet posé sur sa poitrine ou son ventre, debout je regarde l'objet bouger.

Au cours de ces expériences les enfants constatent que :
– l'air que nous rejetons peut produire les mêmes effets que le vent. Comme lui il peut être fort (déplacer des objets légers), il peut faire du bruit;

– l'air que nous respirons l'hiver est froid, il devient chaud quand nous le rejetons, il se réchauffe donc en passant dans notre corps;
– la respiration provoque des mouvements de notre corps.
En conclusion l'enfant a pris conscience :
– de la force (avancer, voler, produire des sons, bouger) et de la chaleur (réchauffer) de son souffle;
– des parties du corps impliquées dans la respiration : le nez, la bouche;
– des parties du corps participent à ce phénomène : la poitrine, les côtes, le ventre;
– de la notion de vie impérativement liée à la respiration : *Je ne peux pas vivre sans respirer, quand je suis enrhumé, c'est difficile de respirer.*

Prolongements

Il y a production de dessins : les enfants imaginent le circuit de l'air dans leur corps.
A l'aide de documents, sur l'initiative des enfants, nous essayons de voir ce qui se passe réellement quand nous respirons : pourquoi le ventre, la poitrine, les côtes se soulèvent? pourquoi l'air passe par le nez et la bouche? où va l'air que nous respirons?... (voir bibliographie).

Jeux et exercices

– Souffler sur un papier froissé pour le faire sortir d'un labyrinthe tracé sur une feuille.
– A la piscine, faire une course, en soufflant sur une balle de ping-pong. La première balle arrivée a gagné.
– Avec plusieurs enfants, souffler sur une plume pour l'empêcher de toucher le sol.
– A 2 ou plus, souffler sur une forme en papier suivant une ligne droite avec un départ et une arrivée. Le premier arrivé a gagné.
– A la piscine, prendre beaucoup d'air, pour rester le plus longtemps possible la tête sous l'eau.
– Après une séance de motricité, s'allonger sur le sol, fermer les yeux, respirer profondément, souffler lentement à fond en faisant dégonfler son ventre (mettre la main dessus). Le faire plusieurs fois. C'est un exercice de détente.

QUELQUES DONNÉES POUR L'ENSEIGNANT

L'enseignant doit avoir une bonne maîtrise du savoir scientifique corporel pour répondre avec exactitude et précision aux demandes des enfants. Toutefois il est difficile de traiter sommairement un si vaste sujet dans cet ouvrage aux contenus variés. Des encyclopédies compléteront les connaissances de l'utilisateur ainsi que les ouvrages proposés dans la bibliographie.

BIBLIOGRAPHIE

Albums

CORENTIN Ph., LE SAULX A., *Totor et Lili chez les moucheurs de nez,* Rivages.
GOMBOLI M., *Tu es fait comme ça,* Nathan.
GOUICHOUX R., *Mon premier bobo,* Milan.
GRÉE A., *Petit Tom est en bonne santé,* Casterman.
HARGGRAVES R., *Monsieur Maigre, Monsieur Costaud, Monsieur Grand, Monsieur Curieux,* Hachette-Jeunesse.
JONAS A., *Quand tu étais bébé,* L'école des loisirs.
MARTYR A., *La dent d'Ara,* Le Seuil.
MILLER J.-P., *Petit lapin va chez le docteur,* Bias.
PARRAMON J.-M., RIUS M., *Le toucher, La vue, L'odorat, L'ouïe, Le goût,* Bordas.
POZNER A., *Je fais ma toilette,* Nathan.
RAY H., *Pas de bruit Julie,* Bordas.

Documentaires

CHAUVEL D., NORET C., *Apprenez à relaxer vos enfants,* Retz.
DOWLING R., BRUUN B., *Le corps humain,* Hachette.
FINIFTER G., *Mon corps,* Hachette.
MARCHAL G., *Mon premier livre sur le corps humain,* Épigones.
MEER A. et R. van der, *Je vois, j'entends et toi?,* Jeux tests sur les 5 sens, Nathan.
PARKER S., *De l'os au squelette,* Gallimard.
POZNER A., *Comment je grandis?* (3-4-5 ans), Nathan.
Le corps et la santé, coll. Découverte, Nathan.

Les petits animaux

Le ver de terre

Objectifs

– Éveil à la biologie.
– Motivation pour recréer un milieu de vie.
– Respect de l'être vivant.

Situations de départ

Au cours de classe promenade dans la campagne, pendant la récréation autour des arbres de la cour, sur la pelouse de l'école, par une journée humide, les enfants s'intéressent à la présence des vers. Certains ont de la répugnance, veulent les écraser, d'autres ont peur, peu ont envie de les toucher, mais tous sont curieux de les voir de plus près. Les enfants s'interrogent sur leur alimentation, leur mode de vie.

Observations avec pistes incitatrices

Des hypothèses sont avancées concernant son mode de vie :

> *Il habite sous la terre, il se promène dans les jardins, il mange peut-être de l'herbe, des petites bêtes... Je ne vois pas sa bouche, ni ses yeux. Il n'a pas de pattes, il ne marche pas, il avance en tirant sur son corps...*

L'enseignant propose d'élever des vers de terre dans un terrarium installé dans la classe, pour mieux les regarder vivre :

> *On prend l'aquarium, on met de la terre, un peu d'eau, à manger, de l'herbe, des feuilles.*

L'adulte fait prendre conscience aux enfants que le ver de terre vit dans la terre.

> *Il y fait tout noir.*

L'adulte propose aux enfants le dessin du terrarium et répond aux questions.

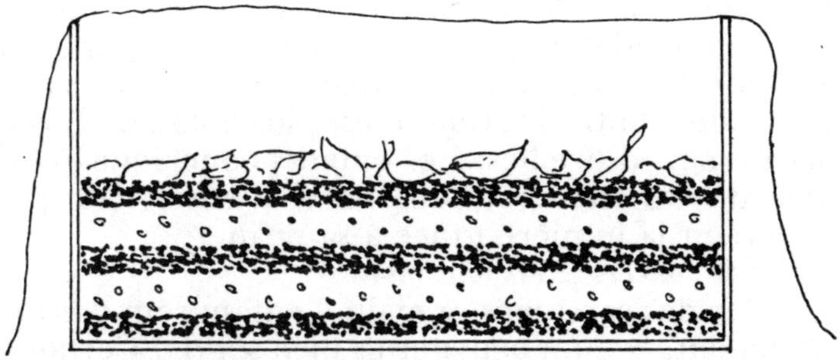

Dans un petit aquarium ou un grand bocal, mettre :

- une couche de terre de jardin,
- une couche de sable,
- une couche de terre de jardin,
- une couche de sable,
- une couche de terre de jardin,
- quelques feuilles mortes, des brindilles,

- arroser de temps en temps pour garder la terre humide,
- recouvrir le tout d'un tissu ou d'une boîte en carton.

Il explique la présence des couches différentes : elles permettront de voir que le ver de terre mélange la terre en se déplaçant; du tissu : il permet de faire l'obscurité.

Les enfants aident à l'aménagement du terrarium. Si l'environnement le permet, ils vont chercher la terre, le sable, les placent par couche, avec l'aide de l'enseignant. Ce travail se fait par groupe avec répartition des tâches. Quand le terrain est prêt, des enfants vont chercher des vers de terre, d'autres des feuilles sèches, des brindilles. Tous les enfants observent alors l'installation terminée : les couches sont bien définies. Ils en font une représentation dessinée.

Par la suite ils viennent spontanément soulever le tissu qui recouvre le terrarium pour regarder vivre les petits animaux.

L'enseignant note leurs réflexions et répond à leurs questions.

Les vers de terre se sont promenés, ils ne sont plus dessus, ils montent et ils descendent. Le sable s'est mélangé à la terre. Les feuilles sèches ont disparu, les vers de terre les ont mangées? Il y a des petits tas de terre sur le dessus. Il faut arroser le terrarium, car dehors la terre est mouillée par la pluie. Les vers sont bien dans le terrarium car dehors ils peuvent être écrasés par les gens.

Une observation plus fine s'ensuit.

– Par groupe de 5 ou 6, les enfants observent un ver de terre sorti du terrarium à l'aide d'une loupe (une loupe par enfant). Ils découvrent que le petit animal a une bouche dans la partie du corps la plus fine, l'autre extrémité est plus aplatie. Mais il n'a pas d'yeux, pas de nez, d'oreilles. Les enfants concluent qu'il ne peut ni voir, ni sentir les odeurs, ni entendre. L'enseignant peut expliquer qu'il perçoit la lumière grâce à sa peau.

Quand on le touche, il est tout mouillé.

En posant le ver de terre dans sa main, l'enfant sent des petits poils qui le chatouillent. A quoi peuvent-ils bien servir? Certains enfants trouvent que ce sont les soies, comme des milliers de petites pattes qui le font avancer. On peut écouter le bruit de son déplacement en le posant sur une feuille. Les soies sont également observées à la loupe. Toujours avec la loupe, les enfants suivent le déplacement, voient le corps s'étirer, devenir fin, puis redevenir plus gros.

– Le sable et la terre mélangés montrent que le ver de terre a effectué des trajectoires souterraines. Les enfants comparent le changement avec le dessin fait précédemment. L'enseignant explique qu'il remue ainsi la terre comme le fait le jardinier avec sa bêche ou l'agriculteur avec sa charrue avant de semer les graines et ce, pour qu'elles arrivent à bien grandir. Le ver de terre est donc très utile, car il aide les graines, les plantes à pousser.

– Les enfants ont constaté la disparition des feuilles sèches, de l'herbe. Ils remarquent également la présence de petits tas de terre sur le dessus. Certains enfants pensent que c'est le « caca » du ver de terre. L'enseignant explique alors que les herbes et les feuilles sèches pourrissent et passent dans la terre. Les vers se nourrissent de cette terre et la rejettent.

L'enseignant cherche avec les enfants si des animaux mangent les vers de terre... Certains pensent aux souris, aux oiseaux. Après recherche dans un livre, les enfants, avec l'aide de l'adulte, trouvent les ennemis du ver de terre : les oiseaux, les souris, les taupes, les hérissons.

Dès que l'intérêt pour ces petits animaux décroît, proposer aux enfants de les remettre dans le jardin où ils pourront chercher eux-mêmes leur nourriture et, pourquoi pas, retrouver « leurs copains ».

Les jeux

Objectifs : utilisation d'un nouveau mode de déplacement.

Jeu du ver de terre
Se déplacer le plus rapidement possible, allongé sur le sol en se recroquevillant, puis en s'étirant, escalader un gros coussin, un banc en rampant comme le ver de terre.

Le circuit ver de terre
Nombre de joueurs : 6.
Matériel : 6 palets ou boîtes plastique ou boîtes en carton.
Déroulement : une ligne ou un plot par joueur marque le départ, de même pour l'arrivée. Au signal les joueurs, allongés sur le ventre au sol, se déplacent en ligne droite d'un point à un autre en se recroquevillant et en s'étirant, en faisant avancer le palet avec la tête. Le premier arrivé a gagné.
Ce jeu peut se faire aussi sous forme de relais, le premier joueur fait le chemin dans un sens, donne le palet au joueur placé sur la ligne en face et ainsi de suite. Le même jeu peut se faire avec obstacle à contourner ou à franchir.

QUELQUES DONNÉES POUR L'ENSEIGNANT

Le ver de terre le plus répandu dans nos régions est le lombric.

Ses principales caractéristiques anatomiques
Son corps est mou, de couleur rosée. Il est formé d'une centaine d'anneaux. Le corps est maintenu humide par une production de mucus. Si la peau se dessèche, il meurt. L'extrémité la plus effilée porte la bouche, l'autre extrémité, légèrement aplatie, porte l'anus. Il est sensible à la lumière qu'il perçoit par la peau.

La locomotion
La face ventrale du corps porte des soies – 4 par anneau – qui lui permettent de se déplacer sur le sol. Ses déplacements

s'effectuent en une succession de raccourcissements et d'allongements du corps.

L'alimentation
Il se nourrit essentiellement de débris organiques présents dans le sol. Après l'ingestion de terre qui contient sa nourriture, les excréments sont évacués, à la surface, sous forme de tortillons de terre bien visibles sur le sol.

La reproduction
Il est hermaphrodite avec fécondation croisée qui nécessite un accouplement. Il pond des œufs dans la terre. Ils sont enfermés dans un cocon où commenceront à vivre les petits vers.

Le mode de vie
Il vit principalement sous terre. Il est très utile car il aère la terre au cours de ses déplacements.

L'escargot

Objectifs

– Éveil à la biologie.
– Motivation pour recréer un milieu de vie.

Situations de départ

De nombreuses situations peuvent se présenter pour que les enfants s'intéressent à ces petits animaux.
• Les enfants, par temps humide, découvrent des escargots :
– au cours d'une sortie nature;
– dans la cour de récréation (si elle comporte une partie pelouse, bosquet, haies...);
– dans le jardin.
• Un (ou plusieurs) escargot est apporté par un enfant, par la maîtresse, par une autre classe.
Les enfants font alors leurs premières découvertes, réinvestissent leurs connaissances antérieures.

La coquille est dure. Elle a un trait qui tourne. Le corps est mou, tout collant. Il se cache dans la coquille. Il a des cornes qui rentrent et qui sortent. Il n'avance pas vite. On voit une trace brillante. Il sait grimper pour sortir du pot de fleur.
Comment peut-on le faire sortir de sa coquille? Que mange-t-il? de l'herbe, de la salade? Comment le garder dans la classe? Lui faut-il une maison, des copains?
De ces questionnements naît l'idée de garder des escargots en classe pour en savoir plus sur leur façon de vivre.

Observations avec pistes incitatrices

Comment réaliser une maison pour nos escargots?
Nous cherchons ce qu'il faudrait pour qu'ils se retrouvent presque comme dans un jardin, mais sans pouvoir se sauver dans la classe, car *on ne les retrouverait plus, on pourrait marcher dessus. Il y aurait de la bave partout...*

Un enfant pense à un pot de fleur avec une assiette dessus et de l'herbe, mais les escargots ne seraient pas visibles car nous voulons les regarder vivre. Il faut quelque chose en verre... L'idée de l'aquarium utilisé l'année précédente surgit alors. Mais il faudra un couvercle. *Il faut mettre de la terre au fond...* Avec l'aide de l'enseignant le terrarium est installé.

Quelques conseils : éviter de surcharger, quelques escargots suffisent. La température devrait être autour de 15° (attention aux classes surchauffées). Bien humidifier pour que l'escargot ait une vie active. Les nourrir de feuilles de salade, chou, oseille...

Les observations autour du terrarium
A tour de rôle les enfants donnent les soins nécessaires. Ils remarquent que les parois se salissent. Il faudra les nettoyer avec une éponge humide. Les enfants, spontanément, viennent les regarder vivre.
En soulevant le grillage, les enfants prennent les escargots, les touchent. L'enseignant observe les réactions : plaisir, curiosité, peur, répulsion, brutalité. Des discussions s'ensuivent : nous devons les protéger, ne pas leur faire de mal. Ils découvrent que l'escargot est sensible au toucher. Il rétracte ses cornes, rentre dans sa coquille.

Une question est posée : *Comment le faire sortir?* Quelques réponses sont trouvées : *Ne plus le toucher, le remettre dans le terrarium, l'arroser avec de l'eau.* Les enfants font des essais concluants. Des séquences plus précises sont organisées par l'enseignant avec de petits groupes d'enfants, des documents sont apportés par les enfants, par l'adulte. Certaines observations émergent :

– *La coquille :* elle est dure, elle a un dessin en colimaçon, des petites rayures, des grandes rayures.

– *Le corps :* il est mou, collant. Il colle à la paroi du terrarium, il est difficile de le détacher. Nous constatons que, lorsque nous sommes pieds nus sur le sol, nos pieds ne collent pas, d'où naît l'hypothèse que l'escargot a *comme de la colle, mais pas tout à fait,* sous son corps. Il laisse une trace brillante sur le sol. C'est comme de la bave. L'enseignant explique alors que le mucus sort par une glande située sous le pied et se dépose sous son corps lorsqu'il rampe. Pour mieux voir la trace de l'animal nous le faisons se déplacer sur un endroit « talqué » au préalable ou sur une vitre.

– *Les tentacules :* en touchant les grands ou les petits tentacules, les enfants constatent qu'ils rentrent rapidement. Par contre, il est possible de toucher sa coquille sans réaction de sa part. D'où naît la conclusion d'une grande sensibilité au toucher au niveau des tentacules.
Les grandes cornes étant dressées, les enfants observent deux petits points noirs à leurs extrémités : *ce sont les yeux.* Pour vérifier que c'est bien l'organe de la vue, un enfant place un coton-tige tout près des grands tentacules qui se dirigent vers celui-ci. D'autres enfants essaient de faire réagir les yeux de l'escargot en lui présentant divers petits objets.
Les petites cornes servent-elles à voir? En approchant le coton-tige de celles-ci, aucune réaction. Donc ce ne sont pas des yeux. Mais si nous imprégnons le coton-tige d'alcool à 90°, nous voyons les petits tentacules se rétracter. Les enfants en cherchent alors la raison et découvrent que l'alcool a une forte odeur. Ils concluent que l'escargot sent avec ses petits tentacules, ils lui servent de nez.

– *La bouche :* les enfants regardent les feuilles de salade mangées par l'escargot : elles ont des échancrures, des petits trous.
Ils observent aussi des escargots placés sur une plaque de verre, avec des feuilles de salade, et peuvent ainsi les voir « brouter ».

– *L'anus :* les enfants constatent la présence des excréments sur les parois du terrarium. Ils peuvent également voir d'où ils viennent au moment de l'excrétion.

La reproduction
Il est difficile de constater la présence des œufs car ils sont enfouis dans le sol. Ils sont pondus au printemps. Il suffit de gratter un peu la terre pour montrer aux enfants la présence de petits œufs blancs. Et même s'ils ne les ont pas vus, quelle surprise de découvrir un jour de minuscules escargots à la coquille transparente et si fragile qu'il ne faut pas les toucher.

Jeu

La course d'escargots

Matériel :
– une planche quadrillée, fabriquée en classe et comportant 6 cases sur 1 côté. Chaque case représente soit des feuilles de salade, soit des feuilles de pissenlit, soit des brins d'herbe.
– un dé en carton sur lequel sont dessinés 2 fois chaque motif de la planche.
– 6 pions « escargots ».
Joueurs : de 1 à 6.
But du jeu : arriver le premier sur la ligne d'arrivée.
Déroulement :
– tirage au sort pour déterminer le premier joueur (par une comptine);
– on joue chacun à son tour;
– chaque joueur fait avancer son « escargot » en partant de la ligne de départ sur la case adjacente dont le dessin correspond à celui du jeté de dé.
– si une case est déjà occupée par un escargot, un autre n'a pas le droit de s'y engager;
– si aucune case ne correspond au dessin, le joueur reste sur place et attend son prochain tour.

QUELQUES DONNÉES POUR L'ENSEIGNANT

L'escargot est un animal de la famille des mollusques (gastéropodes). Il y a plusieurs milliers d'espèces, toutes assez voisines. On les appelle aussi limaçons ou colimaçons.

Ses principales caractéristiques
Il possède une coquille et un pied ventral. La coquille se caractérise par des spires au diamètre décroissant et dont le sommet se trouve sur le flanc droit. Elle comporte aussi de fines stries d'accroissement qui correspondent à la croissance de l'animal. Il est capable de réparer sa coquille. En période de grand froid ou de sécheresse, il ferme sa coquille grâce à une couche de calcaire et de mucus qu'il fabrique. Il hiberne dans sa coquille. Il est réveillé par la chaleur humide.
La partie visible peut rentrer entièrement dans la coquille, en se rétractant. On y distingue :

– *La tête* qui porte deux paires de tentacules rétractiles. Les plus grands sont dressés et à leurs extrémités portent les yeux. Les plus petits, situés en dessous, ont un rôle tactile et olfactif. Ils explorent le sol. L'escargot a une vision peu développée mais possède une grande sensibilité tactile et olfactive. La bouche est située sur la face ventrale et fendue en T. Elle possède une mâchoire cornée et une langue râpeuse.

– *L'anus,* situé près de la coquille sur le flanc droit, peut se distinguer quand apparaissent les petits cordons d'excréments verdâtres.

– *L'orifice de reproduction et de ponte* est visible à droite près des tentacules. Celui de la respiration se trouve à droite de l'anus. Ces trois orifices sont bien visibles à l'aide d'une loupe.

La locomotion
L'escargot rampe grâce à son pied musculaire ventral qui sécrète la bave (mucus adhésif luisant). Sa vitesse peut atteindre 112 m à l'heure.

L'alimentation
C'est un herbivore. Il est un des plus redoutables ennemis du jardinier. Il aime surtout les feuilles. Il mange également des fruits tels que le melon, les fraises.

La reproduction
L'escargot est hermaphrodite, mais ne peut s'autoféconder, de sorte qu'il y a accouplement.
Il pond ses œufs dans des trous situés dans la terre où ils éclosent au bout d'un mois. Les petits escargots naissent avec une coquille transparente et fragile. Ils vivent environ cinq ans. Des escargots recueillis à l'automne se reproduisent rapidement et dès le début du printemps de nombreux petits escargots naissent.

Ses ennemis : Certains oiseaux (le merle, la grive), les hérissons, les crapauds, de nombreux insectes et l'homme.

L'oiseau

Objectifs

- Éveil à la biologie, la physiologie.
- Sensibilisation à une classe animale : les oiseaux.
- Motivation pour une activité manuelle : le bricolage.
- Sensibilisation à la notion de liberté.
- Ouverture sur l'imaginaire.

Situations de départ

- Pendant la récréation des enfants remarquent un vol d'oiseau. Dans un coin isolé de la cour un enfant observe des oiseaux.
- Après un goûter les enfants jettent les miettes des gâteaux par la fenêtre et observent.
- La classe est silencieuse, des chants d'oiseaux sont perçus.
- Un matin où la neige est fraîche, nous remarquons des empreintes de pattes.
- La classe de l'école possède une cage à oiseau, une volière. Les enfants ont l'habitude de s'attarder devant.
- Et si l'école n'a pas la chance d'être entourée d'un environnement riche, l'enseignant emmène les élèves au jardin public, dans un parc, en classe promenade à la campagne, en forêt.

Observations avec pistes incitatrices

L'oiseau en liberté : l'observation du repas des oiseaux – miettes et graines éparpillées sur le sol devant les fenêtres de la classe, du préau – permet aux enfants de s'interroger sur « l'oiseau » : son alimentation, ses déplacements, son mode de vie, de reproduction, sa protection. Les oiseaux sont plus faciles à observer l'hiver, même s'il y en a moins : ils se voient mieux dans les arbres en l'absence de feuilles, ils se laissent plus facilement approcher car la faim fait diminuer leur méfiance.

L'oiseau en cage : sa présence permet de mieux observer la morphologie (compléter avec des documents photographiques), le comportement, l'alimentation, et d'aborder la notion de liberté.

L'alimentation

– *L'oiseau en liberté :* après une première observation des oiseaux picorant miettes et graines, les enfants s'interrogent sur la nourriture. Des propositions sont faites : pain, carotte, sucre, chocolat, bonbon, croquette pour chien, viande. Toutes ces victuailles sont disposées à proximité des fenêtres, dans la cour. Des enfants sont placés en observateurs, sans bouger, les oiseaux commencent à picorer. Un peu plus tard nous allons faire un constat des restes du repas. Les enfants remarquent que les oiseaux mangent les graines, le pain, mais laissent de côté les autres aliments. Nous nous interrogeons sur les raisons. Certains trouvent facilement que certains aliments sont trop gros et trop durs et que les oiseaux n'ont pas de dents. Ils pensent qu'ils n'aiment pas la viande et les croquettes pour chien. Nous discutons alors sur l'alimentation des oiseaux en général. Certains se rappellent que la mouette mange des poissons, que la chouette mange des souris, que l'aigle mange des lapins, que le merle mange des vers de terre. Si les enfants n'ont pas de tels souvenirs, ensemble nous recherchons dans la documentation. Nous apprenons aussi que les oiseaux, l'hiver, doivent bien se nourrir quand il fait froid pour garder leur corps chaud comme le nôtre. Il y a moins de graines, pas ou peu d'insectes, il faut donc leur donner de la nourriture en y ajoutant des graisses.
Que penser de la nourriture au sol? Et si un chat rôde, si la neige tombe pour tout recouvrir? Des fourmis avaient même envahi « une maison à graines ». L'idée naît d'accrocher la nourriture aux arbres.

Les propositions fusent : dans des boîtes en carton, des boîtes en plastique. Chacun fait ses essais, boîtes trop petites, trop grandes, le carton se déchire avec la pluie, la neige; d'autres se remplissent d'eau de pluie. Certains enfants se renseignent auprès de leurs parents, l'enseignant apporte des documents. Des nichoirs sont construits avec des boîtes de lait, des pots de confiture, des bouteilles en plastique. Quelques types de mangeoires (reproduits avec l'aimable autorisation de la Ligue française pour la production des oiseaux) :

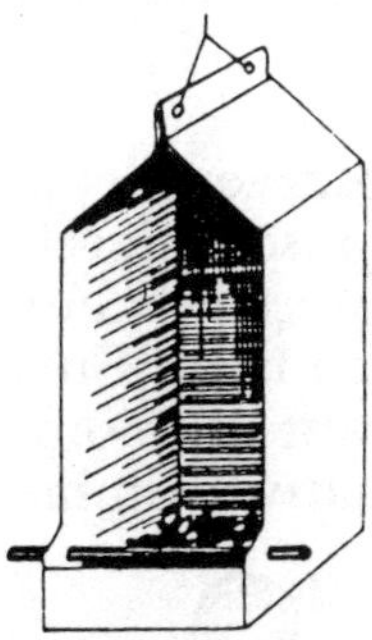

Une boîte de lait
Découpez un des 2 côtés étroits de la boîte depuis le haut jusqu'à environ 2 cm du fond. Percez 2 trous pour y glisser une baguette de bois qui servira de perchoir. Après avoir déposé des graines, suspendez-la à une branche.

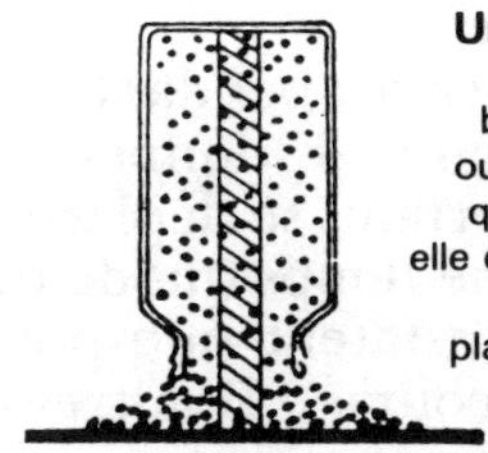

Un pot de confiture
Coupez une tige en bois (manche à balais ou autre) de telle façon que, mise dans le pot, elle en dépasse d'environ 1 cm. Découpez une plaque de contreplaqué et vissez la tige dessus. Après avoir empli le pot de graines, retournez l'ensemble.

Une bouteille plastique

Pour les graines ▸
Coupez le fond; préparez 2 petites fentes ovales à l'extrémité du goulot; percez quelques trous (2 mm) dans le réservoir, pour l'écoulement de l'eau; un fil de fer ceinture l'ensemble supporté par 3 chaînettes pour faciliter la manipulation du couvercle (fond de la bouteille déformé à l'eau chaude).

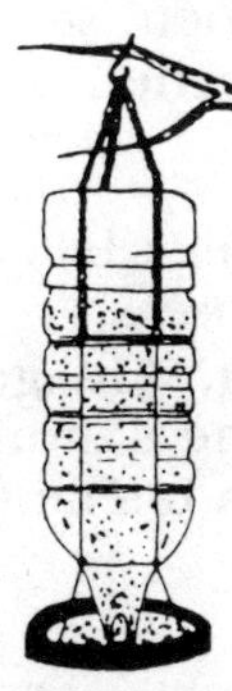

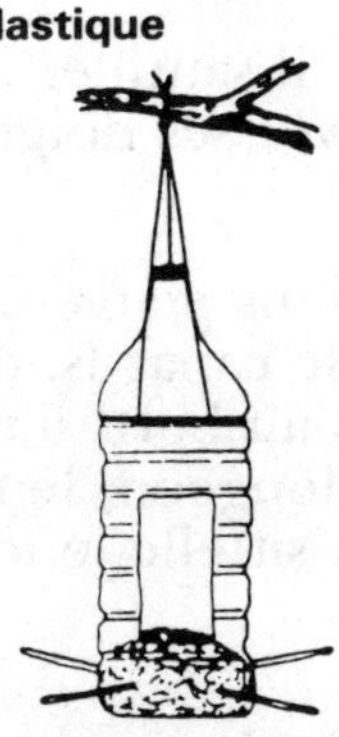

◂ Pour les graisses
Laissez le bouchon sur le goulot; pratiquez deux ouvertures latérales; près du fond, traversez la bouteille d'un croisillon de bois; percez quelques trous dans le fond pour l'écoulement de l'eau de pluie.

On peut trouver ces mangeoires à la Boutique aux oiseaux, 51, rue Laugier, 75017 Paris

– *L'oiseau en cage :* l'école possède une cage avec des tourterelles. Les enfants ont l'habitude de renouveler l'eau, de donner les graines. Et si la tourterelle aimait aussi autre chose? Les enfants placent dans la cage des miettes, des bonbons, des morceaux de sucre...
Ils s'éloignent de la cage mais ont la consigne d'observer de temps en temps. Ils remarquent que les tourterelles sont d'abord attirées par tous ces nouveaux aliments mais retournent rapidement vers leurs graines. Ils en concluent qu'elles n'aiment pas certains ali-

ments, mais aussi qu'elles n'ont pas de dents pour croquer le sucre, le bonbon et que leur bec est trop petit.
Après toutes ces observations et quelques recherches avec l'aide de l'enseignant les enfants prennent conscience :
– que la tourterelle se nourrit de graines et de miettes de pain ou de gâteaux;
– que les oiseaux en liberté se nourrissent pour certains de graines, d'insectes, de fruits, pour d'autres de poissons ou de vers de terre, et qu'ils peuvent mourir de faim l'hiver quand il fait très froid.

La locomotion
– *L'oiseau en liberté :* pendant leur festin les enfants observent leurs attitudes, certains se donnent des coups de bec pour se voler la nourriture. Certains se déplacent en sautillant (moineaux), les deux pattes en même temps (mode de déplacement repris en motricité : les enfants constatent que pour eux c'est très fatigant et moins rapide que la course). D'autres ont une marche alternative comme nous (étourneaux).
Ils s'envolent en prenant appui sur leurs deux pattes, se posent sur le sol de la même façon.

– *L'oiseau en cage :* il sautille, vole un peu, se tient au trapèze avec ses doigts (perruche), se balance.

D'autres observations peuvent s'ajouter : le passage d'un vol de canards, de cigognes, l'envol de canards au bord d'un étang, la nage des cygnes, leur plongeon, leur marche dandinante, le déplacement de la sittelle le long d'un chêne (la tête en bas).

La morphologie
– *L'oiseau en liberté :* la découverte de plumes sur le sol – dans la cour, pendant une classe promenade – va permettre à l'enfant de s'interroger sur l'aspect, la constitution du corps de l'oiseau. L'oiseau en liberté apporte ainsi les premières questions, les premières informations. Si la classe a de la chance (et l'enseignant essaie de la favoriser), les enfants ont pu ramasser des plumes différentes par la couleur, l'aspect, la taille. Les enfants cherchent à qui elles ont pu appartenir, ils remarquent qu'il y a des petites plumes très douces – le duvet –, d'autres plus dures. L'enseignant essaie de

leur faire deviner le rôle de chacune (celles pour voler, celles pour se protéger du froid).
C'est en regardant un bloc de graisse donné en nourriture que les enfants remarquent les petits trous laissés par le bec. Ils constatent, grâce aux traces, qu'il est pointu et que les oiseaux n'ont pas de dents et regardent des documents pour voir si les becs de tous les oiseaux sont identiques. Ils cherchent les raisons des différences.
En s'envolant l'oiseau déploie ses ailes, les enfants le comparent à l'avion (mais il n'a pas de moteur et ne fait pas de bruit), au deltaplane, au parapente. Les enfants constatent que les plumes sont marron, quelquefois noires, un peu bleues, rouges, jaunes, vertes.

– *L'oiseau en cage :* l'observation des tourterelles permet aux enfants de compléter leurs informations. Leurs pattes se terminent par 4 doigts qui leur permettent de s'agripper pour se percher.
Leur plumage est gris clair avec des plumes noires autour du cou.
Les plumes sont de tailles différentes sur la queue, sur les ailes, sur le corps.

Le comportement

– *L'oiseau en liberté :* où vont, que font tous ces oiseaux aperçus dans le ciel, sur les arbres, dans la cour de l'école? Les enfants ont déjà quelques réponses qu'il conviendra de classer.

> *Ils se promènent... ils sont avec des copains... ils vont pondre leurs œufs... ils cherchent à manger... ils ont peur du chat... ils jouent... ils vont dans les pays chauds...*

Les enfants essaient de trouver la réponse selon la saison. Par exemple :

• En octobre des oiseaux se réunissent sur un arbre ou un fil électrique pour voler ensemble vers les pays chauds. C'est la migration. L'enseignant complétera, à la demande des enfants, les connaissances.

• Au printemps les enfants observent un oiseau volant avec une brindille dans le bec. Il se pose sur un arbre. Que peut-il faire? Les enfants trouvent facilement une réponse. Ils se questionnent alors sur les différents endroits où l'oiseau a construit son nid, les différentes manières de le construire, les différents matériaux qui le constituent. Ils cherchent dans la documentation. Vient aussi l'interrogation sur l'utilité du nid. Est-ce la maison de l'oiseau? Les enfants le pensent, l'enseignant expliquera donc qu'il sert seulement pour la ponte, la couvaison et la naissance des oisillons.

• Des oiseaux picorent dans la cour, un chat se précipite sur eux. Tout ce petit monde s'envole en poussant des cris d'alarme. Cet événement pourra inciter une réflexion sur les dangers que courent les oiseaux : les autres animaux, l'homme, le froid, la chaleur; également sur les cris des oiseaux et leur chant.
• Au printemps on entend le chant des oiseaux. Les enfants essaient de repérer des chants différents. L'apport de cassettes enregistrées, d'appeaux, peut aider dans cette recherche. Les enfants essaient de comparer cris et chants des oiseaux avec leurs propres cris et chants.

– *L'oiseau en cage :* les enfants pensent que les tourterelles ne s'ennuient pas car elles sont deux. Ils remarquent qu'elles s'aiment bien, se font « des bisous », roucoulent. Certains enfants pensent qu'elles préféreraient s'envoler dehors, d'autres qu'elles sont mieux dans leur maison : elles ont tous les jours de quoi manger, il n'y a pas de chat ni de chasseur, elles ont les enfants de l'école pour les regarder.
Et si la maman tourterelle voulait pondre des œufs? Les enfants cherchent tout ce qui pourrait être utilisé pour construire un nid : carton, tissu, laine, fil, brindilles sèches, herbe... Ces matériaux sont posés dans la cage. Les oiseaux construisent le nid avec les brindilles.
Un jour, quelle surprise! il y a un œuf dans le nid, puis un deuxième. Les enfants les observent, les comparent à l'œuf de poule utilisé dans la confection des gâteaux. Ils surveillent ensuite la couvaison, puis vient la naissance des oisillons. Que d'étonnements, de questionnements, de comparaisons fusent avec cet événement!

Ouverture sur l'imaginaire

L'enfant, rendu sensible au personnage de l'oiseau, invente des oiseaux imaginaires car l'imaginaire se nourrit du vécu pour le transformer, l'idéaliser.
L'histoire de l'origine des oiseaux est le point de départ d'invention d'oiseaux extraordinaires.

Les jeux

Les oiseaux se réveillent
Les enfants, les yeux bandés, 2 par 2, choisissent un cri ou chant d'oiseau : par exemple le coucou, le moineau, la tourterelle, la poule, le canard. Ils se dispersent et au signal émettent leur cri en essayant de retrouver l'enfant qui fait entendre le même. Quand ils se retrouvent, ils ont gagné.
Les plumes
Par équipe de 4 ou 5, les enfants soufflent sur une plume légère (duvet) lancée en l'air. Elle ne doit pas retomber sur le sol. L'équipe gagnante est celle qui tient le plus longtemps sa plume en l'air.
Et tous les jeux classiques : jeu de l'oie, pigeon vole, l'oiseau en cage.

Poème

Tout à coup

Aujourd'hui un oiseau m'a montré le chemin,
M'a conduit hors de la forêt
Jusqu'aux rives de l'océan en joie
Tout à coup, j'ai vu le soleil,
Tout à coup, j'ai entendu les chansons,
Tout à coup, j'ai surpris le parfum des fleurs,
Tout à coup, mon âme s'est ouverte.

Rabindranâth Tagore, *Les chants du matin.*

QUELQUES DONNÉES POUR L'ENSEIGNANT

Sont traités ci-dessous : le plumage, les pattes, le bec, la locomotion, l'alimentation, les sens, le chant, le nid, la migration.
Bien que certaines données, certains termes scientifiques puissent sembler difficiles pour des jeunes enfants, l'enseignant trouve ici des réponses aux questions pour lesquelles les connaissances antérieures, l'expérimentation, la réflexion n'ont pas permis à l'enfant de trouver une réponse.

Son origine

Il y a 140 millions d'années, l'espace aérien de la planète Terre était déjà occupé par des libellules, des sauterelles, des papillons, des coléoptères, de nombreux insectes aujourd'hui disparus, mais aussi par d'étonnantes créatures, des reptiles volants qui atteignaient la taille de certains de nos petits avions. Ils volaient grâce à des ailes membraneuses comme les chauve-souris. On les appelle les ptérosauriens. La naissance des plumes est encore un mystère comme il en existe de nombreux sur la terre, mais on sait qu'elles sont nées des écailles cornées des reptiles transformées au fil des années en pennes (grandes plumes de vol).

Ses principales caractéristiques

Ce sont des vertébrés, avec des membres antérieurs adaptés au vol – les ailes –, des membres postérieurs utilisés pour la locomotion au sol – les pattes. Ils sont pourvus d'un bec formé des mâchoires modifiées des reptiles et recouvert de gaines cornées. Ils pondent des œufs qu'ils couvent.

Particularités anatomiques

Le plumage : c'est grâce à ses ailes, recouvertes de plumes, que l'oiseau peut voler, mais c'est aussi grâce, essentiellement, à son plumage que l'oiseau peut maintenir son corps à des températures élevées : de 36 à 44°. Selon ses besoins, il peut hérisser ses plumes pour se protéger du froid ou les soulever de manière que le vent rafraîchisse sa peau. Le poids des plumes représente, en moyenne, 6 % du poids total d'un oiseau (12 % chez la mésange).

Le plumage est constitué principalement par les grandes plumes de vol (pennes), les plumes de couverture protectrices, sur le corps, la base des ailes et de la queue, les plumes très courtes en dessous des plumes de couverture (duvet). Elles sont colorées et se renouvellent périodiquement et progressivement (mue) une ou deux fois dans l'année afin de fournir à l'oiseau des plumes plus performantes avant chaque migration.

Les pattes : elles se terminent par 4 doigts :

– pour les bons marcheurs, les doigts sont courts et trapus, avec 1 en arrière, 3 en avant;

– pour les percheurs, les doigts sont implantés à la même

hauteur avec 3 en avant, 1 en arrière (moineau, hirondelle, étourneau, merle, pie, geai, fauvette, pinson...);
– pour les grimpeurs, 2 doigts en avant, 2 doigts en arrière (perruche, pie, coucou);
– pour les nageurs, palmure plus ou moins développée pouvant s'étendre entre 3 (cygne, canard) et 4 doigts (cormoran).

Le bec : les mâchoires, dépourvues de dents, sont recouvertes de gaine cornée constituant le bec qui présente des formes très variées et en rapport avec le régime alimentaire. La langue sert à la déglutition, mais chez certains elle a un rôle dans la préhension des aliments (le pivert).

Autres particularités
Les oiseaux possèdent les poumons les plus puissants du monde animal, ce qui leur permet parfois de chanter en volant. Ils n'ont pas de vessie. Urines et excréments sont mélangés. Les os de la plupart des oiseaux sont creux et remplis d'air, ce qui les rend très légers.

La locomotion
– Le vol : il existe deux sortes de vol : le vol plané et le vol battu. Certains oiseaux, comme le manchot, ne volent pas. Le vol battu a trois phases, comme l'avion : essor, vol de régime, atterrissage. Il peut être onduleux, en ligne droite, par groupe. Certains oiseaux « volent » sous l'eau.
– La marche : elle peut être alternative (comme celle de l'homme) ou sautillée. Certains oiseaux grimpent.
– La nage : les oiseaux aux pattes palmées nagent soit en surface, soit sous l'eau. Ils plongent.

L'alimentation
Les régimes alimentaires sont variés :
omnivores; végétariens : pousses de plantes herbacées, bourgeons, fruits, graines, nectar; carnivores : mangeurs de poissons, mollusques, insectes, souris, grenouilles, vers, araignées.
La morphologie de l'oiseau s'adapte au régime alimentaire, particulièrement par la forme du bec :
– bec crochu et robuste pour les oiseaux carnivores (rapaces);
– bec robuste et court pour les granivores;
– bec plus mince pour les insectivores.

Les sens
C'est la vue, chez l'oiseau diurne, qui est le sens le plus performant. Vient ensuite l'ouïe, étroitement liée au sens de l'équilibre comme chez tous les vertébrés supérieurs. Mais c'est le sens le plus important chez les oiseaux nocturnes.
L'odorat n'est pas très développé.
Le goût, surtout chez les granivores, ne joue pas un rôle important. Pour le toucher, différentes espèces d'oiseaux offrent certains types de récepteurs tactiles (le bec de quelques oiseaux aquatiques est riche en corpuscules tactiles).

Le chant
Presque tous les oiseaux sont capables d'émettre des sons. Parmi les émissions vocales on peut distinguer :
– les cris et appels qui peuvent avoir différentes significations (parade nuptiale, attirance d'un partenaire, chasse d'un rival, alarme...). Certaines espèces produisent jusqu'à dix appels différents;
– le chant proprement dit se caractérise par la durée des émissions, par la richesse, la variété des notes qui le composent. Plusieurs passereaux ont inspiré des compositeurs célèbres : dans *Le chant de l'alouette* de Schubert, on retrouve le chant si joyeux de cet oiseau. Quant au merle noir, il a fourni à Beethoven le thème de la troisième partie de son *Concerto pour violon.* Le chant est lié surtout aux rapports entre sexes et au comportement territorial : délimitation et défense;
– le gazouillement ou chant des jeunes oiseaux.

Le nid
Le nid est la construction qui sert à protéger les œufs et les jeunes après leur naissance. Il ne sert pas d'habitat. Il y a une très grande variété de nids, depuis des nids très élaborés (fauvette couturière dont la base du nid est faite de deux feuilles cousues ensemble) jusqu'aux nids rudimentaires, à même le sol, parmi les cailloux, dans le sable. Quelques exemples :
le nid du pouillot est dissimulé dans le sol, le nid de la fauvette est accroché dans les broussailles ou dans des hautes herbes, le nid du pinson se retrouve dans les branches, les grands rapaces nichent dans les creux de rochers ou à la cime des grands arbres, l'alouette pond ses œufs à même le sol recouvert de végétation haute, les perdrix nichent dans les

cultures (blés...), la pie creuse des cavités dans les troncs pourris, l'hirondelle construit son nid dans les granges, sous les toits des maisons.

La migration
La vie des oiseaux est liée étroitement aux saisons : saison de l'accouplement, de l'élevage des petits, de la mue, du repos et souvent de la migration.
La migration est caractérisée par un voyage d'aller qui va du lieu de nidification à celui de repos ou d'hivernage et d'un voyage de retour en sens inverse. L'étude des migrations se fait à l'aide du baguage des oiseaux.
Quelques oiseaux migrateurs : l'hirondelle, l'alouette, le loriot, le rossignol, la cigogne. Ils quittent nos régions vers septembre-octobre pour y revenir au printemps, en avril. Ils passent notre hiver en Afrique. Certains, comme l'hirondelle, parcourent 11 000 km. D'autres oiseaux, comme l'étourneau, passent au contraire l'hiver chez nous car ils arrivent du Grand Nord.
Quelques oiseaux sédentaires : la mésange, le merle, le corbeau, le pivert, la pie, le bouvreuil, le rouge-gorge, la sittelle.

La mare

Objectifs

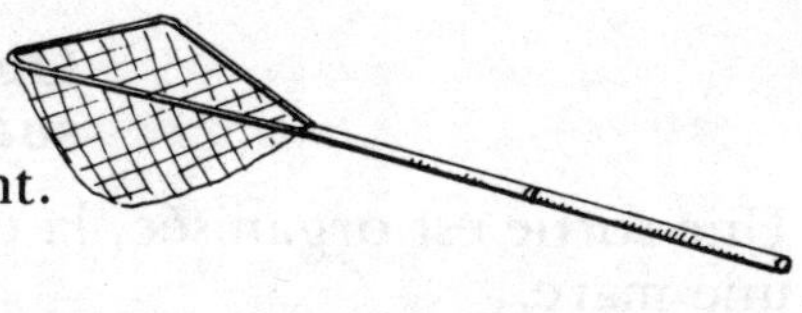

- Découvrir un nouveau milieu.
- Lire des documents.
- Prendre en compte l'environnement.
- Observer et prendre des indices.

Situations de départ

Pour conduire cette activité, l'enseignant choisit une période de l'année propice à la vie dans la mare : fin avril à fin octobre (selon les années).
En cas de sécheresse, il devra vérifier si la mare a encore assez d'eau, si les abords ne sont pas devenus marécageux!
L'enseignant apporte à sa classe des exemplaires de la revue *La*

Hulotte, n° 31 « Spécial mare », afin de stimuler la curiosité des enfants. Il y a une revue pour 2 enfants (emprunter à des collègues en élémentaire ou en maternelle). La lecture se fait par petits groupes, selon le nombre d'exemplaires. Aucune consigne, si ce n'est de bien regarder toutes les pages, aucun renseignement n'est donné.
Les enfants commentent leur « lecture ». L'enseignant note leurs découvertes spontanées puis, dans un deuxième temps, donne les renseignements demandés et pose quelques questions.

Qu'avez-vous vu?

Des araignées, des moustiques, des requins, des crocodiles, des lézards, une abeille géante, des papillons, des pêcheurs, des plongeurs, des bocaux, des pince-oreilles, des épuisettes, un homme qui tue un poisson, un autre qui fume sa pipe, un avion avec une araignée, un bateau avec un gros bidon...

Où trouve-t-on ces bêtes?

Dans la nature... dans la mer... dans les fruits... dans les maisons comme le moustique... dans la mare.

Qu'est-ce qu'une mare?

C'est de l'eau... un petit peu d'eau... elle est un peu verte... il y a de l'herbe au fond... Il y en a à la campagne... dans les forêts... J'en ai vu dans les livres.

Le bilan de toutes ces découvertes est donné à la classe. Une grande curiosité naît. Où pourrait-on trouver une mare pour découvrir toutes ces bêtes étranges?

Observations sur le terrain

Une sortie est organisée, la classe ira dans une forêt où se trouve une mare.
Les enfants dressent l'inventaire du matériel et des vêtements à emporter : des bottes, un ciré ou anorak, des épuisettes, des seaux, des bocaux, des loupes.

Déroulement

Les enfants sont groupés par 6 autour d'un adulte. Tous les groupes sont au bord de la mare si elle est assez grande. 2 enfants, par groupe, pêchent avec des épuisettes. Ils déposent leurs trouvailles dans un seau à moitié rempli d'eau de la mare. Ils observent leurs

petites bêtes, les regardent évoluer à l'œil nu, puis avec une loupe, pendant que 2 autres enfants vont à la pêche, et ainsi de suite... De nouveau les premiers recommencent l'opération pêche.
Quand la diversité et le nombre des petites bêtes sont satisfaisants, les placer dans les bocaux remplis d'eau de la mare, une bête par bocal pour mieux l'observer. Des photocopies des dessins de la revue *La Hulotte,* rangées sous plastique, sont proposées aux enfants.
Chacun a une loupe pour mieux regarder la bête. Quand il l'a bien détaillée, qu'il a relevé des indices pertinents, il cherche à quel dessin elle correspond. Il explique ensuite les indices qui lui ont permis la reconnaissance : forme du corps, nombre de pattes, antennes, queue...
Le jeune enfant est très attentif aux détails, la plupart identifient les petites bêtes. Si l'enfant le désire, l'adulte lui donne le nom correspondant.
Avant de quitter les lieux, la classe remet sa récolte dans la mare. L'adulte explique que tous ces petits animaux ne peuvent vivre que dans leur milieu, impossible à reconstituer en aquarium : eau de pluie, herbes, algues, vase, terre, feuilles mortes... qui se renouvelle sans cesse. De retour en classe les dessins sont réalisés : soit ils reflètent la réalité (souvenir du nombre de pattes, antennes...) soit ils sont imaginaires et relèvent de la fantaisie des enfants prêts à inventer des animaux extraordinaires.

Le matériel
Comment fabriquer une épuisette.
Matériel : fil de fer solide, morceau de mousseline ou pied de bas nylon.
Recourber le fil de fer pour former un cercle de 20 cm de diamètre, coudre le filet autour. Le fixer à un bâton solide.
Une passette, un chinois de cuisine font très bien l'affaire.
Préférer un bac à chat à un seau pour mettre les petites bêtes, ainsi les enfants pourront mieux les observer.
Les bocaux, transparents, permettent aussi une bonne observation.
La loupe doit être de faible grossissement : 6 fois au maximum.

QUELQUES DONNÉES POUR L'ENSEIGNANT

Les plans d'eau de faible profondeur, comme la mare, sont de véritables paradis pour la faune et la flore.
Nous nous intéresserons seulement à la faune. On y trouve des insectes à larves aquatiques, des mollusques, des vers...

Quelques insectes identifiables par les enfants.
Le gerris ou araignée d'eau a un corps étroit et aplati. Il mesure de 8 à 15 mm. Sa tête est courte et arrondie avec deux antennes. Il a 3 paires de pattes : les pattes antérieures sont plus courtes que les autres et sont fixées juste sous la bouche. Elles servent dans la capture des proies. Les pattes médianes servent à la propulsion, les postérieures à se diriger. Il se nourrit d'invertébrés.
La nèpe a un corps aplati, mesurant de 18 à 20 mm sans le siphon. Ce siphon placé à l'extrémité de l'abdomen lui permet de capter l'air à la surface. Ses pattes antérieures servent à ravir ses proies, les postérieures sont adaptées à la marche. La nèpe n'est pas un bon nageur. Elle se nourrit d'invertébrés.
La notonecte a un corps allongé, mesure de 10 à 16 mm. Ses pattes antérieures ne sont pas ravisseuses, les pattes postérieures sont en forme de rame, avec des soies sur les bords, ce qui en fait un excellent nageur. Elle nage sur le dos et attrape ainsi ses proies à la surface de l'eau avec sa trompe creuse. Elle se nourrit de larves, pucerons, moucherons...
Le dytique a le corps noir bordé de jaune, d'une longueur de 35 mm. Les pattes postérieures portent des soies qui en font un bon nageur. Il vole également en déployant ses ailes transparentes. C'est un carnassier qui s'attaque même aux petits poissons.

Cette faune peut vivre dans ce milieu grâce aux interactions qui existent entre différents facteurs. Ce sont la température, la teneur en oxygène, en gaz carbonique, le PH (acidité ou alcalinité), la présence de calcium et de magnésium, d'azote, de phosphates.
Mais la richesse de ce monde animal est menacée par les pollutions apportées par l'homme : mare polluée par les déchets, des huiles de vidange...

BIBLIOGRAPHIE

Le ver de terre

Albums

DECHELLE B., *La taupe,* Le Mascaret.
IVANOUSKY E., *Picot, le hérisson,* Gautier-Languereau.

Documentaires

CLARO F., *Les milieux naturels,* Épigones.
La nature, un monde à découvrir, Hachette.

L'escargot

Albums

FOURNIER A.-P., *Le journal d'un escargot,* Flammarion.
FREZE I., *Antoine et l'escargot voyageur,* Grasset-Jeunesse.
HAUPTMANN T., *Adélaïde Petit gris,* Gallimard.
LIONNI Léo, *La maison la plus grande du monde,* École des loisirs.
PIEN H., *L'histoire de colimaçon et de chenille,* Bias.
PINGUILLY Y., *Escargot des villes, escargots des champs,* La Farandole.
ZENTNER J., *Les deux escargots,* coll. Croquelivre, Casterman.

Comptines et poésies

CLAIR A., *Escargotiques,* L'école des loisirs.
JEAN G., *Le premier livre d'or des poètes,* Seghers, « L'escargot et la pomme » p. 41-42.

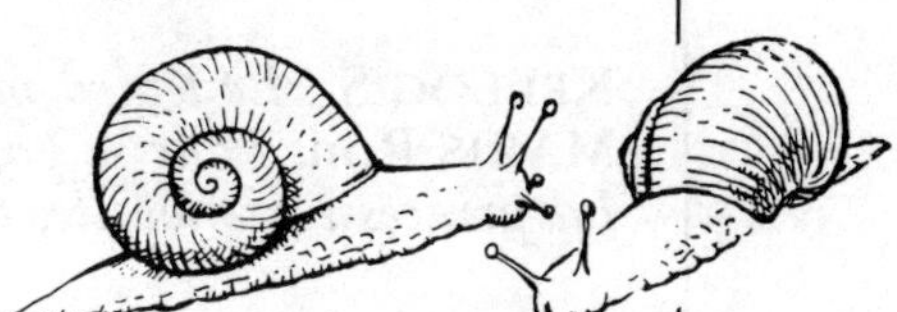

Documentaires

BORNANCIN B., *Petite faune,* Nathan.
BUHOLZER T., *Les escargots,* Gamma.
INGUES G., *L'escargot,* Dupuis.
L'escargot, Bibliothèque de travail junior, pédagogie Freinet n° 176.
L'escargot petit-gris, Bibliothèque de travail, pédagogie Freinet n° 880.

L'oiseau

Albums

ANDERSEN H.C., *Le vilain petit canard.*
GRÉE G., *Petit Tom et le rouge-gorge blessé,* Casterman.

GRIMM, *L'oie d'or.*
LAURENCE A., *La maison qui chante,* Flammarion.
LIONNI Léo, *Six corbeaux,* L'école des loisirs.
MARI I., *L'arbre, le loir et les oiseaux,* L'école des loisirs.
PFISTER M., *Pit et Pat,* Nord-Sud.
SCHEFFLER U., *Le chant du coq est interdit,* Le Sorbier.
VELTUIJJ M., *La colombe et le pauvre bûcheron,* Nathan.
VELTUIJJ M., *Le peintre et l'oiseau,* Nathan.
L'oiseau de feu, conte russe, La Farandole.

Documentaires

DEOM P., « Les oiseaux de l'hiver » n° 8, « Dossiers nichoirs » n° 10, « Enquête sur la chouette effraie » n° 12, « Dossier sur la pie » n° 16, « Guide des oiseaux du bord de route » n° 20, « L'hirondelle » n° 60, *La Hulotte,* Boult-aux-Bois, 08240 Buzancy.
DESVIGNES A., *Trente oiseaux de notre ciel,* Hatier.
FONTANEL B., *Où vont les animaux voyageurs,* Gallimard.
MATHIAUD E., *Je reconnais les oiseaux,* Nathan.
NICOLAS C., *Traces et nids,* L'école des loisirs.
PARRADOU J.-M., *Je découvre les oiseaux,* Bordas.
L'oiseau magazine, revue de la Ligue française pour la protection des oiseaux, La Corderie Royale, BP 263, 17305 Rochefort cedex.

La mare

Albums

KELLOG S., *Le têtard mystérieux,* École des loisirs.
MARIS Ron, *Il ne se passe jamais rien près de l'étang,* Gründ.
La princesse grenouille, conte russe, La Farandole.

Documentaires

BACK C., WATTS B., *Le têtard et la grenouille,* Gamma.
BELLAMY D., *Les secrets de la rivière et de l'étang,* Hachette-Jeunesse.
DECHELLE B., *La grenouille,* Le Mascaret.
DEOM P., « Spécial mare », *La Hulotte* n° 31, Boult-aux-Bois, 08240 Buzancy.
MICHELS T., *Au bord de l'étang,* Milan.
WILLIAMS J., *Le cycle de la vie de la grenouille,* Bias.

Les plantations

Objectifs

– Approcher le concept de vie : familiarisation avec la vie végétale.
– Structurer le temps, chronologie.
– Effectuer des comparaisons. Observer des transformations.
– Respecter la vie : précautions à prendre pour que la plante croisse.

Situations de départ

Les difficultés d'observation des plantes sont dues à la lenteur de la croissance végétale et surtout à la difficulté de mémoire temporelle et chronologique des enfants. Il faut donc cultiver des plantes à croissance rapide et établir des traces écrites de leur évolution : dessin, photographie, marquage sur le calendrier.
Les graines de haricots, pois, maïs, lentilles, blé; les bulbes de jacinthe, tulipe, crocus, jonquille; les boutures de misère, sont des éléments intéressants ainsi que certaines récoltes des enfants : le gland, le marron, les pépins de pamplemousse...
Les moyens de mise en mémoire des étapes de la croissance sont recherchés par les enfants. L'enseignant sert de lien pour mettre en ordre toutes les propositions.
Situations possibles :

• Des plantes existent dans la classe. Dès le début de l'année scolaire les enfants en ont la responsabilité et leur prodiguent les soins nécessaires.
• Les enfants désirent offrir une fleur, une plante pour la fête des mères.
• Le jardin de l'école a besoin d'être égayé.
• Les enfants apportent des glands, marrons ou autres graines.
• L'enseignant introduit une histoire, un poème.

Observations avec pistes incitatrices

L'adulte a apporté en classe des catalogues d'horticulture. Les enfants, après les avoir regardés, sont conviés à découper des fleurs, des légumes, soit pour faire des tris selon des critères qu'ils déterminent, soit pour en faire des compositions plastiques. L'enseignant propose aussi de décorer la classe en faisant pousser des fleurs. Les enfants dressent un inventaire du matériel nécessaire : des pots, des bacs, de la terre, des arrosoirs, des petites pelles et des graines. Ils recherchent dans les catalogues les fleurs qu'ils préfèrent ; l'adulte guide leur choix en les faisant réfléchir sur l'apparition des fleurs selon les saisons.

L'enseignant apporte des bulbes, des sachets de graines. Selon la saison, les enfants apportent des marrons, des glands, des noyaux d'avocat, des pommes de terre, une touffe de thym, de menthe... Ils recherchent, grâce aux images de catalogues et de livres documentaires, le mode d'emploi pour faire pousser tous ces trésors. L'adulte les aide dans cette « lecture ». Ainsi en octobre nous planterons les bulbes, les glands, des noyaux d'avocat, les marrons, les pommes de terre.

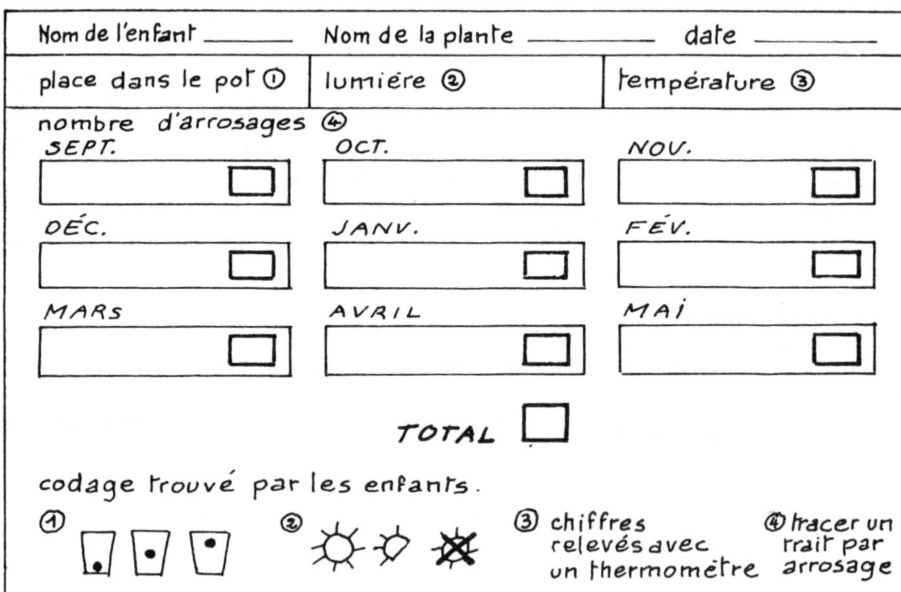

Exemple de fiche de plantation

Les bulbes

Les bulbes vont être soumis à des traitements divers afin que les enfants observent les conditions de leur développement, qu'ils comparent et essaient de conclure.

– Des bulbes sont plantés dans des pots remplis de terre humide. Une classe chaude et bien éclairée est un endroit idéal pour une bonne croissance de la plante.

– Des bulbes sont plantés dans la cour (bordure de terre, jardin), soumis aux conditions naturelles de développement.

Chaque enfant fait sa *fiche de plantation* avec des dessins et, s'il le désire, avec des indications écrites par l'adulte.

Les bulbes choisis sont ceux de tulipes, jacinthes, crocus. Les enfants suivent la croissance des plantes en commentant entre eux : l'apparition de la première feuille, la croissance, la forme, la couleur des feuilles, la formation de la fleur, sa forme, sa couleur, son odeur.

Ils comparent, mesurent, apprécient la rapidité et les différences du développement. Ils notent sur leur fiche les différents renseignements (dessin, notation et date des mesures) avec l'aide de l'adulte. Certains enfants ont trop arrosé leur plante, d'autres pas assez (à vérifier sur les fiches de plantation).

Des questions surgissent :

– Quelles plantes poussent le plus vite?

– Dans quelles conditions se développent-elles le mieux? (Relecture de la fiche de plantation.)

– Quelles sont celles qui ont les plus longues feuilles? les plus grosses fleurs?

– Pourquoi les plantes du jardin poussent-elles moins vite?

Il en résulte une réflexion sur le milieu et sur les conditions les plus favorables pour le développement de la plante.

Les graines

Plantation de grosses graines

L'avocat : quelques enfants apportent des noyaux d'avocat. Ils sont placés dans des pots dont la taille a été discutée avec les enfants en fonction de la grosseur du noyau (comparer avec le gland).

Comment installer cette grosse graine? Quelle partie mettre en haut? Certains enfants placent la partie pointue en haut, d'autres en bas. L'enseignant confectionne la culture de référence :

Piquer 3 allumettes dans le noyau, le placer pointe en haut sur un verre d'eau. Il est immergé d'environ 2 cm. Au bout de 6 à 8 semaines, des racines apparaissent. Planter alors le noyau aux trois quarts de sa hauteur dans un mélange de terreau et de sable. Le placer dans un endroit éclairé et chaud.

Les pots sont placés, certains à la lumière, d'autres à l'obscurité. Les enfants font la même fiche et le même travail de réflexion que pour les bulbes. Ils « relisent » leur nombre d'arrosages et, en fonction du résultat de leur plantation, trouvent l'arrosage idéal, de même pour la lumière.

Plantation d'une graine moyenne
Le haricot : si la première expérience des haricots plantés sans préparation a été laborieuse (les plantes ne veulent pas sortir de terre, les enfants s'en désintéressent), l'enseignant peut proposer de refaire l'expérience en utilisant une fiche de plantation que les enfants ont « lue ».
Chaque enfant suit alors ce mode d'emploi pour cultiver son haricot, il en dessine les différentes transformations pour faire sa fiche de plantation et compare avec la fiche initiale.
Si les durées ne concordent pas, les enfants en donnent les raisons en lisant leur fiche : il n'a pas assez de lumière, il est trop au soleil, il a été trop ou pas assez arrosé.
Les enfants constatent ainsi que la plante a besoin, comme l'homme, de bonnes conditions, particulières à chaque espèce, pour vivre et grandir.

Jeu du haricot

Nombre de joueurs : de 2 à 5.
Matériel : 5 séries de cartes représentant l'évolution du haricot en 6 phases.
But du jeu : reconstituer le premier la croissance du haricot en 6 cartes.

Déroulement : les cartes sont mélangées, le tas est placé au centre des joueurs, face cachée. Les joueurs, chacun à leur tour, tirent d'abord une première carte qu'ils gardent. Puis les suivantes, rejetant dans la pioche celles qu'ils ont en double. Le premier qui a reconstitué l'évolution a gagné.

Plantation des petites graines
Le radis : la culture du radis est une des plus intéressantes pour le jeune enfant car il pousse vite et peut être dégusté. Les semailles au mois de mars, dans le jardin ou la bordure en terre de la cour de l'école, avec un bon arrosage régulier et la chance d'avoir un peu de soleil, donnent une récolte 4 à 8 semaines plus tard.
Les enfants par groupes de 4 ou 5 sont responsables de ce qu'ils sèment; ils font une fiche de plantation qui est comparée ensuite avec celles des autres groupes.

Pépins de citron, pamplemousse, orange :

Placer 4 à 6 pépins et les recouvrir d'un peu de terreau. Ils sont plantés dès qu'ils sont extraits du fruit.

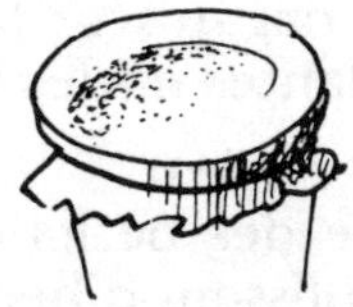

Recouvrir d'un plastique, fixer avec un élastique, placer à une température de 18°.

Semis de différentes espèces : dans un ou plusieurs bacs (un bac pour 4 enfants), les enfants sèment en ligne différentes espèces (radis, laitue, haricot, persil) et notent sur une fiche de plantation la date d'apparition de chacune. Ainsi ils peuvent établir des comparaisons.

Les boutures
Ce sont des fragments de rameaux qui se développent et donnent de nouvelles cultures.

Bouturage en terre : en septembre faire prélever des extrémités de rameau portant 4 à 6 feuilles. Les enfants piquent les boutures dans un bac rempli de sable humide et recouvrent chaque rameau d'une bouteille plastique. Ils les repiquent en terre au bout de quelques semaines quand les racines apparaissent. On peut bouturer le forsythia, la spirée, le budlélia, le rosier.

Bouturage dans l'eau : prélever des boutures sur des tiges sans fleur, les mettre dans un verre d'eau. Les racines apparaissent au bout de 10 à 15 jours. L'enfant va alors les mettre en terre.
Exemples : l'impatience, la misère.

Les plantes aromatiques
Avec ces plantes, les enfants peuvent développer tous leurs sens. Ils touchent des feuilles duveteuses, rugueuses, piquantes, fines, charnues. Ils voient de nombreuses nuances de vert. Ils sentent les odeurs des plantes. Enfin ils peuvent goûter certaines plantes, comme la menthe en infusion, l'estragon, le persil, la ciboulette en sauce salade. Elles se cultivent en pot, en jardinière, en pleine terre.
Quelques exemples :
– le persil : semer les graines au printemps;
– le romarin, la menthe : se reproduisent par bouturage, planter des pousses à l'automne ou au printemps;
– le thym, l'estragon, la ciboulette : repiquer des plants au printemps.

Prolongements

Des jeux d'odeur sont organisés : les yeux bandés, les enfants apparient deux mêmes plantes en les reconnaissant.

Fabriquer des coussins d'odeur
L'enseignant prépare des petits coussins en tissu que les enfants décorent. Ils les remplissent d'herbes séchées, feuilles, fleurs, choisies parmi les plus parfumées : thym, romarin, menthe, lavande.
Quelques précautions pour la réalisation
– Les enfants récoltent le feuillage ou la fleur d'une plante, fin mai, par une journée sèche et chaude, en évitant de le faire le matin.
– Ils entreposent la récolte dans un endroit sombre et sec.
– Ils retournent les plantes les premiers jours pour que le séchage soit meilleur.

Fabriquer un cadeau pour la fête des mères : les enfants décorent les pots et y font pousser des plantes aromatiques.

Une expérience :
la plante recherche la lumière

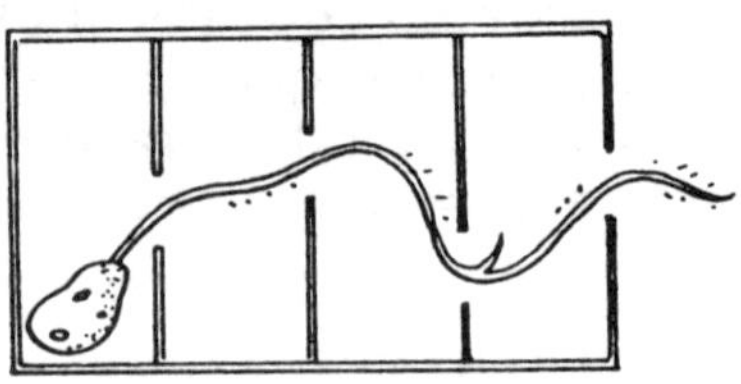

Matériel : 1 pomme de terre,
1 boîte à chaussures,
3 cartons de la largeur de la boîte.
Déroulement :
Confectionner la boîte ci-contre :
Chaque groupe d'enfants a une boîte (avec des ouvertures diffé-

rentes) pour comparer les trajectoires. Par cette expérience, les enfants vont observer que la plante recherche la lumière. Le germe traverse chaque feuille de carton par l'ouverture.

Conclusion

Tous ces constats ont permis aux enfants de mieux cerner les conditions de germination, les besoins des plantes, et aussi de connaître des variétés de graines, de bulbes.
En comparant leurs résultats :
– ils ont défini les grands besoins des plantes : la lumière, la chaleur, l'eau, et appris à doser leurs interventions;
– parallèlement ils ont remarqué la grande variété des graines. Elles sont de différentes formes, de différents poids (persil... avocat), de différentes couleurs (marron, petit pois, tournesol), de différentes grosseurs (persil, avocat). Certaines sont très dures (marron, avocat). Certaines se mangent (noix, noisette);
– ils ont modifié leur comportement envers les plantations : respect de ce que l'on a semé, mais aussi de ce qui existe déjà;
– ils ont une meilleure maîtrise du temps par l'utilisation du calendrier, les retours en arrière, les projections dans le futur.

BIBLIOGRAPHIE

Albums

BAILLIE L., *Dans le jardin,* Nathan.
FUJIKAWA Gyo, *Le petit jardinier,* Gautier-Languereau.
GRÉE A., *Petit Tom fait un herbier de fleurs,* Casterman.
RAY H., *Mon jardin,* Bordas.
RHODÈS S., *Jack et les haricots,* Lito.
WESTCOTT N.B., *Le potager géant,* Flammarion.

Documentaires

CHARTON-SAUCÈDE L., *L'apprenti jardinier,* Bordas.
JORK C.B., *Pomme et ses plantations,* Casterman.
LEQUEUX P., *A la découverte des plantes,* Colin-Bourrelier.
POUYANNE R., *Les enfants jardinent,* Gautier-Languereau.
SALZER T., *Le jardin en activité,* Le Sorbier.

L'arbre

Objectifs

– Approche des notions de classification.
– Sensibilisation au concept de vie.
– A partir d'une approche sensorielle du milieu, préparation à une meilleure connaissance de l'environnement.
– Enrichissement des notions d'espace, de temps, de causalité.
– Prise de conscience de la sauvegarde de l'environnement par une perception et un comportement nouveau face à un milieu.

Situations de départ

• Les arbres de la cour perdent leurs feuilles.
• Des arbres ont été coupés pour élargir la rue.
• Une sortie en forêt est prévue – la classe s'interroge sur la quantité, la grandeur, les sortes d'arbres qu'ils vont y trouver.
• Un album, par exemple, *L'arbre dans la ville* de Ch. Duller, aux éditions Fleurus, a été apporté par un enfant, par l'enseignant.
• La maîtresse introduit le passage d'un poème de Raymond Queneau, *Chêne et chien :*

> *Le chêne lui est noble et grand*
> *Il est fort et il est puissant*
> *Il est vert, il est vivant*
> *Il est haut, il est triomphant...*

Observations avec pistes incitatrices

Compte rendu d'une situation à partir du poème
A partir de ces vers les enfants – déjà sensibilisés par la présence de bouleaux dans la cour de l'école, des marronniers sur la place – s'interrogent sur cet arbre, le chêne, dont ils connaissent, pour la plupart, le nom mais pas la physionomie.

Les enfants s'interrogent : *Y a-t-il un chêne près de l'école? Le chêne est-il grand même quand il est « petit » (jeune)?*
Comment connaître sa forme, celle de ses feuilles?
Les enfants connaissent le bouleau avec son écorce blanche, lisse, ses feuilles avec les dents; le marronnier avec ses feuilles à 5 ou 7 « folioles », *son écorce qui gratte un peu... les marrons avec leur maison piquante...; le sapin qui a des aiguilles et des pommes de pin...*
L'enseignant demande aux enfants comment ils peuvent reconnaître un arbre. A ses feuilles? son tronc? son écorce?... pour le marronnier, à ses marrons? Peu d'enfants savent que le marron est la graine du marronnier.
Avec l'aide de l'adulte, les enfants trouvent dans des livres, des documents, des renseignements sur le chêne.

Il est grand... gros quand il est vieux... il est arrondi... ses feuilles ont la forme de vagues... il a des glands... son écorce doit gratter.

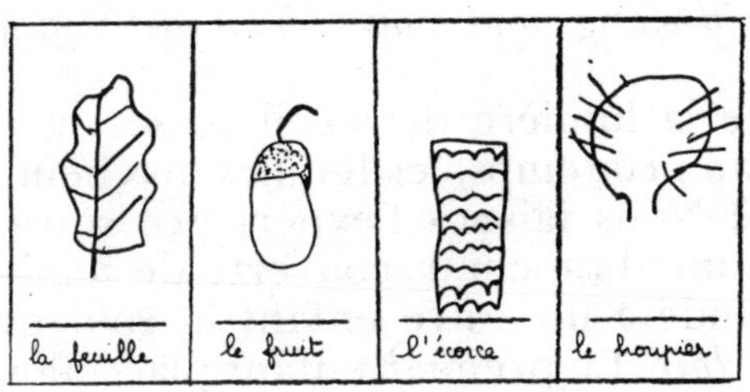

La carte d'identité du chêne est établie.
Les enfants prospectent aux alentours de l'école, sans succès. *Et si on allait dans la forêt... dans les bois.* La sortie est prévue, le maître choisit une forêt dans laquelle se trouvent de nombreux chênes. La classe se disperse en groupes (5 enfants, un adulte) afin que chacun fasse sa part de découverte. Quand chaque groupe a identifié un chêne, la classe se réunit autour du plus gros pour vérifier s'il correspond bien à la description du poète.

Il est plus haut que les immeubles... ses branches touchent le ciel... il est fort... il a un gros tronc... ses branches, on dirait des bras, avec des muscles... ses feuilles sont vertes... il est vivant, mais il ne bouge pas... c'est le vent qui le fait bouger... il a grandi, avant il était petit... c'était une graine... il a mangé de la terre... il n'a pas de bouche... la bouche c'est les racines... après ça monte dans le tronc, ça va dans les branches, tout au bout des feuilles. Il grossit, comme nous quand on mange.

La classe s'organise autour de ces réflexions spontanées
L'enseignant a repéré des endroits de la forêt où les enfants vont essayer de vérifier leurs hypothèses et sans doute se poser d'autres questions.

Un chêne, situé sur le bord d'un fossé, va renseigner les enfants sur la nature, la forme de ses racines bien visibles et dont les extrémités sont à découvert dans l'eau. Chaussés de bottes, par groupe, ils descendent dans le fossé pour explorer le sol au pied de l'arbre et toucher ses racines.

> *Elles sont grosses et dures, en bas plus petites, elles ont des petits poils au bout, ça chatouille, c'est peut-être avec les poils qu'il mange... avec le bout de la racine, il boit l'eau du fossé.*

Sous un gros chêne, les enfants remarquent qu'il a pris toute la place, qu'il n'y a pas d'autre arbre près de lui, ni de petits en dessous.

> *C'est parce qu'il mange tout... ou alors il fait trop noir... il n'y a pas de soleil.*

Pour vérifier que la lumière du soleil passe « à travers » l'arbre nous observons, au printemps, les feuilles du chêne. Sont-elles vert clair, vert foncé? Nous faisons l'expérience suivante : un enfant tient d'une main une branche recouverte de feuilles éclairées par le soleil. Il demande à un autre enfant la couleur d'une feuille : *Elle est verte, vert clair.* Le premier enfant place alors sa main entre le soleil et la feuille : *Maintenant elle est vert foncé, elle n'a plus de soleil.* L'enseignant explique alors que le soleil traverse la feuille, que l'arbre en a besoin pour grandir. Tout près de l'arbre, les enfants touchent l'écorce.

> *Elle gratte, elle a des creux, des bosses... elle protège l'arbre quand il fait froid, quand les oiseaux viennent piquer...*

Un enfant par groupe prend une empreinte d'écorce en y posant une feuille de papier et en frottant avec une craie.
Parfois, dans le creux de l'écorce, il se trouve des restes de graines. Les enfants s'interrogent : Qui a pu les placer à cet endroit? *Les écureuils... les fourmis... des gens...* L'adulte explique que ce sont des petits oiseaux, les sittelles, dont le bec trop fragile ne peut casser seul les graines. Ils les coincent donc dans les creux et les piquent avec leur bec jusqu'à les casser pour les manger, laissant la partie non comestible. Les sittelles ont donc besoin du chêne pour vivre.
Sous le chêne, les enfants ramassent des glands, certains ont un petit germe. L'enseignant explique son rôle dans la naissance du

chêne. Nous constatons, aux alentours, la présence de « bébés-chênes ». *Avant c'était un gland... il a poussé... on prend un gland pour faire un chêne à l'école?* Chacun ramasse un gland qui est planté dès le lendemain à l'école, soit dans le jardin, soit dans des pots de terre.

Déroulement de la plantation
Les enfants décident de planter leur gland dans un pot pour mieux surveiller la première apparition de « l'arbre ». Toute la classe est d'accord pour mettre de la terre dans le pot, car le chêne pousse dans la terre. Certains mettent beaucoup de terre dans le pot avant de mettre le gland, d'autres peu. Chacun note à l'aide d'un dessin la place du gland dans la terre afin de savoir quel germe, devenu plantule, sortira de terre le plus vite.
Où placer les pots? *Près de la fenêtre pour qu'ils aient de la lumière.* Et si on en plaçait quelques-uns à l'ombre?
Il faudra les arroser, dans la classe il n'y a pas de pluie.
Les enfants notent le nombre d'arrosages effectués (voir fiche de plantation). Les résultats de l'expérimentation montrent que le gland recouvert d'un peu de terre, dont le pot était un peu à la lumière, est sorti le plus rapidement. Il avait été arrosé deux fois par semaine. Certains glands, trop arrosés, ont pourri. Les pots restés en permanence à l'ombre ont vu apparaître une pousse verte qui n'a pas survécu. D'autres installés à l'ombre, puis à la lumière lors de l'apparition de la plantule, ont eu une croissance rapide.
Les enfants concluent que le gland a besoin : d'être recouvert d'un peu de terre, arrosé mais pas trop souvent; d'ombre pour faire sortir la plantule; de lumière dès qu'elle est sortie de terre, pour pouvoir grandir.
De la même manière on peut semer des noix, noisettes, châtaignes, marrons.

Retour en forêt
Profitant d'un emplacement où s'est effectuée une coupe récente, les enfants « mesurent » la longueur d'un tronc couché au sol en s'installant dessus en file indienne. Le tronc de l'arbre est aussi long que « le petit train » d'enfants de toute la classe.
Un peu plus loin, une énorme souche accueille tous les enfants assis les uns contre les autres. La forme de la souche attire l'attention de la classe : *On dirait une étoile... une fleur... la carte de France... une étoile de mer... un soleil... une pieuvre...*
Sur la tranche d'un tronc coupé un enfant remarque des *traits qui*

tournent. D'autres enfants décrivent : *Il y a un point au milieu, puis des ronds de plus en plus grands... sur le bord il n'y a plus de cercle, mais des petits points...*
Dans un espace donné, les enfants cherchent le plus gros chêne afin de « mesurer » le tour de son tronc. 5 enfants en se tenant par la main, les bras tendus, en font le tour. Nous le mesurons ensuite avec un mètre ruban, l'enseignant renseigne les enfants sur la manière de connaître l'âge d'un chêne. *Si son tronc mesure 4 m, il a 400 ans, il est très vieux.*
Pour mesurer l'étendue du gros chêne avec toutes ses branches et tout son feuillage, la classe se place à l'extérieur du houppier, comme si chacun était au bout des branches les plus longues. En se donnant les mains, bras tendus, tous les enfants ne suffisent pas. *Il est immense... grand... fort...* C'est le roi de la forêt.
De retour en classe, les enfants font une « lecture » du poème de Raymond Queneau affiché dans la classe et dessinent ce chêne si puissant, si fort... et triomphant!
Parallèlement, ils commencent un cahier des découvertes faites : dessin de la feuille, du gland, de l'écorce avec les restes de graines cachés dedans, de la sittelle (vue dans un livre), des cercles de la coupe, de la souche.

L'arbre au fil des saisons

Les enfants sont sensibles aux transformations de la nature par les trésors qu'elle leur apporte : à l'automne avec le ramassage des récoltes sur le sol, marrons, châtaignes, feuilles, branches cassées; en hiver avec le froid, le givre, la neige avec laquelle s'organisent des jeux; au printemps avec l'éclosion des bourgeons, l'apparition des premières feuilles, des fleurs, puis des fruits; et l'été avec le soleil, les vacances et l'abondance de fruits et de fleurs.

Confection du calendrier de l'arbre

Cette activité peut être motivée par la présentation de l'album *L'arbre* [1].

Matériel

– Un panneau par groupe composé d'une ou plusieurs feuilles de papier Canson (50/40) partagé en plusieurs cases, selon les besoins.
– Plastique adhésif.

1. Voir bibliographie.

– Guides de reconnaissance des arbres apportés par l'enseignant : « Spécial arbre », *La Hulotte* [1]; *Arbre quel est ton nom?* Bordas; *Connaître les arbres en 10 leçons,* Hachette.

Déroulement

Première sortie

En début d'année, chaque groupe d'enfants (par 5) choisit un arbre de la cour, de la rue, du parc ou du jardin public dont il suivra l'évolution tout au long des saisons.

Les enfants récoltent ce qui est nécessaire pour faire connaître à la classe les caractéristiques de leur arbre. Ils peuvent ramasser des feuilles, des fruits, des rameaux cassés par le vent, des morceaux d'écorce trouvés sur le sol, ou prendre son empreinte. Les enfants font noter à l'adulte des renseignements complémentaires, par exemple la couleur, l'aspect de l'écorce, la forme du houppier.

Chaque groupe fait des dessins dans une case de son panneau, colle ces récoltes et cherche dans la documentation l'identité de son arbre qu'il présente ensuite à la classe. Des comparaisons s'imposent : forme des feuilles, nombre de folioles, fruits, écorce, houppier. Au bout de quelques jours, les feuilles se dessèchent, se recroquevillent, se transforment peu à peu en débris... Que se passe-t-il? Les enfants constatent qu'elles sont devenues toutes sèches. Comment faire pour les conserver?

Il faudrait les mouiller tous les jours... non, on va abîmer le papier...

Deuxième sortie

Les enfants réalisant la même recherche fin octobre, les feuilles ont jauni, les fruits de certains arbres sont tombés sur le sol, les récoltes changent.

De nouvelles comparaisons surgissent : sous le marronnier en septembre les enfants avaient ramassé des marrons avec leurs bogues et des feuilles vertes; en octobre, ils ont quitté leurs bogues et les feuilles ont jauni. Les sorties suivantes font apparaître d'autres transformations qui sont aussi notées ou dessinées : d'abord de gros bourgeons gluants, puis les feuilles et enfin les fleurs. Les enfants cherchent ce qui ne change pas : l'écorce, les feuilles persistantes.

Les travaux des différents groupes font établir des comparaisons entre les différents arbres. Le marronnier a ses feuilles avant le tilleul. Le cerisier des fleurs avant les feuilles.

Chaque panneau peut voir son nombre de cases augmenter selon

les découvertes des enfants. Chaque case est datée.
Comme pour le chêne, les enfants font parallèlement la carte d'identité de chaque arbre.

Quelques jeux et exercices à approche sensorielle

Ce que l'enfant voit

Les couleurs

– Par groupes de 5, les enfants recherchent des éléments naturels. Ils les classent par couleur. Celui qui a récolté le plus grand nombre de couleurs a gagné. Les feuilles de plusieurs couleurs ont posé problème, les enfants en ont fait une catégorie.
– Préparer des cartons de couleur (l'enseignant en choisit les couleurs en fonction de la saison). Chaque groupe a 2 cartes de couleur et doit trouver le plus grand nombre d'éléments naturels correspondant aux deux couleurs.
Exemple : couleur marron = feuille, branche, gland...
couleur verte = mousse, feuille, herbe, lichen...
couleur rouge = feuille, baie...
– Individuellement chaque enfant se confectionne une palette de couleur. La palette en papier fort est précollée par l'enseignant (bâton de colle). L'enfant doit récolter des morceaux d'éléments naturels de toutes les couleurs possibles et les coller sur sa palette.
– Par groupes les enfants classent les couleurs d'éléments naturels, puis les organisent en dégradés, en gamme de couleurs.

Les formes

– Trouver le plus grand nombre de feuilles différentes sur le sol (par groupe).
– Dessiner des formes naturelles. Exemples : des feuilles, une souche, des écorces, une toile d'araignée, la maladie de l'orme : la graphiose (par groupe).
– Avec des formes géométriques, reproduire des éléments naturels. Exemples : des arbres, un champignon...
– Avec des éléments naturels, représenter des personnages, des objets...

La lumière, l'ombre

– Représenter un arbre et son ombre.

– La classe se trouve à l'orée d'une futaie. Au signal, se mettre le plus rapidement à l'ombre d'un arbre.

Ce que l'enfant entend
– Faire le silence quelques minutes. Chacun dit ensuite ce qu'il a entendu.
• Les bruits de la forêt : les chants ou cris d'oiseaux, le vent dans les feuilles, les bruits de pas sur les feuilles.
• Les bruits parasites : le passage d'un avion, la tronçonneuse du forestier... un moteur de voiture...
– Écouter la résonance : frapper un arbre creux à différentes hauteurs, coller l'oreille dessus.
– Écouter ses propres bruits : pas traînés, sauts à pieds joints, courses sur les feuilles mortes, sur le sable...

Ce que l'enfant sent
– Après avoir senti les yeux ouverts, fermer les yeux et reconnaître à l'odeur : des feuilles mortes, de la mousse, des champignons et aussi des fleurs : jonquilles, jacinthes des bois...
– Par groupe, les enfants, les yeux fermés, sentent une odeur présentée par l'adulte. Ils doivent retrouver, les yeux ouverts, la source odorante, dans un périmètre délimité.

Ce que l'enfant ressent avec sa peau
Toutes les sensations qui ont pour siège la peau font partie du toucher : la sensation de froid, de chaud... le souffle du vent... la pluie qui fouette le visage. Mais ce sont surtout nos mains qui explorent l'environnement.
– Une boîte recouverte d'un foulard et contenant des éléments naturels connus de la classe (aiguilles et pommes de pin, feuilles de chêne, gland, marron, mousse, caillou, écorce...) est donnée pour 2 enfants. Chacun à leur tour, ils palpent dans la boîte, sous le foulard et nomment l'élément avant de le montrer à l'autre enfant. Celui qui en a reconnu le plus grand nombre a gagné.
– Les yeux bandés, les enfants reconnaissent des feuilles caractéristiques : feuilles de chêne, marronnier, peuplier, platane. Ils peuvent aussi les associer 2 par 2 si on leur en donne des paires.
– Les enfants dessinent une feuille cachée sous un foulard, après l'avoir seulement touchée.
– Chaque enfant ramasse un morceau de bois d'environ 40 cm. Il le touche avec précision pour sentir les aspérités, la grosseur... Les

yeux fermés il doit ensuite le retrouver d'abord parmi 2 puis plusieurs morceaux.
– Un enfant touche des éléments naturels cachés dans une boîte et les décrit, les autres enfants doivent deviner la nature de l'élément.

Ce que l'enfant goûte
Il est imprudent de permettre à l'enfant de goûter des cueillettes spontanées. Non seulement certaines baies peuvent être dangereuses, mais les fruits comestibles, mûres, pommes sauvages..., peuvent avoir été souillés par exemple par le renard porteur de la rage. Cependant, il est intéressant de faire connaître toutes ces denrées naturelles. Les mûres sont ramassées, lavées puis goûtées, de même pour les framboises, les pommes... et les châtaignes, une fois grillées.

QUELQUES DONNÉES POUR L'ENSEIGNANT

L'arbre est une plante vivace, ligneuse, dont la tige ou tronc porte des branches. Il peut atteindre de grandes dimensions : le chêne pédonculé, le sapin, l'épicéa, dépassent 25 m, 15 m pour le charme, le bouleau, 100 m pour le séquoia, l'eucalyptus.
Il existe des arbres à feuilles caduques qui perdent leurs feuilles chaque année et des arbres à feuilles persistantes.
Ces végétaux sont classés selon leur taille en arbres, arbrisseaux, arbustes.
Nous trouvons : des arbres forestiers qui fournissent le bois de construction et d'industrie, le bois de chauffage, les écorces (tan, liège), la résine. Ils servent aussi dans l'industrie textile et papetière ; des arbres d'ornement qui servent à la décoration et à l'ombrage des parcs, avenues, jardins et cours d'écoles ; des arbres fruitiers.
Mais le rôle de l'arbre n'est pas limité à ces productions ou à ces usages. L'importance de sa présence a été mise en évidence par la dégradation du sol après des déboisements inconsidérés. Il sert de coupe-vent pour les cultures, les habitats et en fournissant de l'oxygène lutte contre la pollution atmosphérique.
La forêt est aussi et surtout l'habitat de nombreuses espèces végétales et animales que l'homme doit protéger. Elle a inspiré de nombreux écrivains, poètes et peintres. C'est un lieu de promenade et de détente.

BIBLIOGRAPHIE

Albums

BEAUDIN L., *L'arbre mort,* Michel Quentin.

BELLANY D., *Qui se cache dans le chêne de la forêt?* Hachette-Jeunesse.

CLAVEL B., *L'arbre qui chante,* Messidor-La Farandole.

DAUFRESNE M., *Le grand sapin,* Père Castor, Flammarion.

DURNIE B., *Les secrets de l'arbre,* Gallimard.

FÉLIX M., *L'arbre,* Gauthier-Languereau.

GIONO J., *L'homme qui plantait les arbres,* Gallimard.

GRÉE G. et A., *Petit Tom et son ami l'arbre,* Casterman.

MULLER VAN DEN BERGHE Ch., *L'arbre dans la ville,* Fleurus.

POZNER A., *Promenons-nous dans la forêt,* coll. Viens voir (3-4-5 ans), Nathan.

ROVER B., *Augustin et l'arbre aux piverts,* Fleurus.

TERSAC H., *Histoire d'un arbre,* La Marelle.

VALÉRIANE, *La maison dans l'arbre,* Hemma.

WÖLF W., *L'arbre à rêves,* Nord-Sud.

Documentaires

BARBEY D., *Promenons-nous dans les bois,* Découverte Benjamin, Gallimard.

BORNANCIN B., *Portraits d'arbres,* Livrets d'éveil scientifique, Nathan.

FISCHESSER B., *Connaître les arbres en 10 leçons,* Hachette.

FISCHESSER B., *La vie de la forêt,* Horizons de France.

GONDOL M., *Comment vit un arbre,* Nathan.

MOREL G., *L'arbre horloger des saisons,* Gallimard.

PIERRE J., *30 arbres familiers,* Hatier.

TAVERNIER, *Arbre quel est ton nom?* Bordas.

« L'aulne », *La Hulotte* n° 52, Boult-aux-Bois 08240 Buzancy.

« Les malheurs du chêne », *La Hulotte* n° 22.

« Spécial arbres », *La Hulotte* n° 7.

« Spécial épicéa », *La Hulotte* n° 36-37.

La météorologie

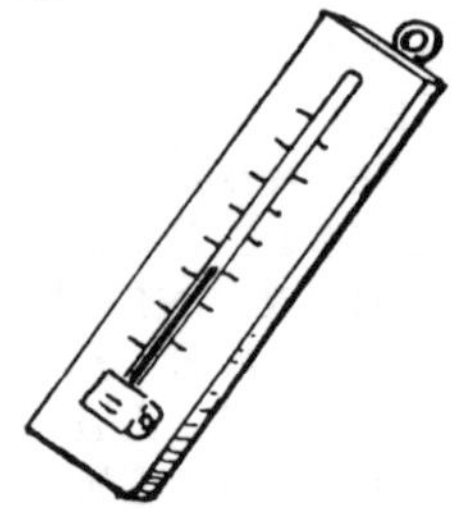

Objectifs

– Sensibilisation aux phénomènes naturels.
– Utilisation d'un code.

Situations de départ

Pour sensibiliser les enfants aux phénomènes météorologiques, l'enseignant introduit dans la classe le livre *Histoire d'un nuage qui était l'ami d'une petite fille* (B. Ruille, Grasset). L'exploitation de cet album provoque chez les enfants une curiosité autour des différents aspects des nuages dans le ciel, de leur origine, de leurs déplacements, du rôle de la pluie, du soleil, c'est-à-dire de la plupart des événements météorologiques.

Par ailleurs, l'enseignant demande aux enfants de chercher comment les conditions météorologiques influent sur leur vie.

Ils explorent leurs souvenirs et trouvent qu'il faut :

- se couvrir chaudement quand il fait froid;
- enlever des vêtements quand il fait chaud;
- prendre son imperméable, son parapluie, ses bottes, éviter de marcher dans les flaques d'eau quand il pleut;
- fermer les yeux pour ne pas recevoir de poussière un jour de grand vent;
- descendre les rideaux dans la classe les jours de soleil;
- allumer la lumière quand le ciel est gris.

A la suite de cette réflexion, la classe prend l'habitude de noter chaque jour le temps qu'il fait à l'aide de dessins, codages ou photographies.

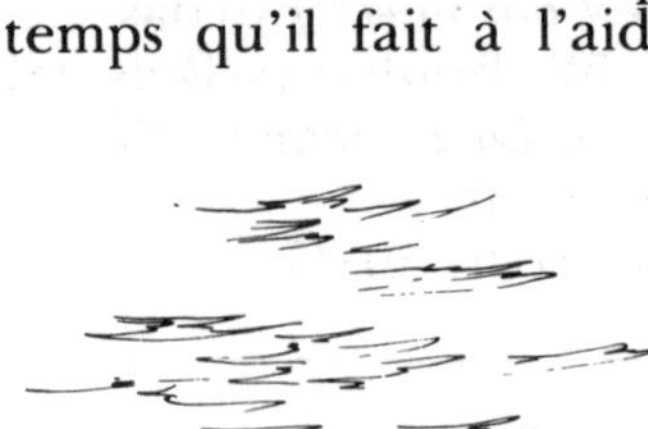

Les nuages – la pluie – la neige – le froid

Observations et pistes incitatrices

« Il y avait une fois, l'été à la campagne, une petite fille. Un jour elle remarqua un petit nuage... » En faisant référence à l'histoire, les enfants s'intéressent spontanément à la présence des nuages dans le ciel. Ils s'interrogent sur leur origine, leurs déplacements, leurs transformations, sont curieux de leurs couleurs, leurs formes. Différents types de nuages sont repérés au fil des jours : petits ou gros nuages blancs, gris, noirs, quelquefois roses, ciel tout gris sans nuage, gris avec des nuages. Les nuages gris foncé ou noirs sont vite associés aux chutes de pluie.
Les enfants s'interrogent sur :
– *la composition des nuages :*
En s'appuyant sur l'histoire, ils concluent qu'ils sont pleins d'eau, de vapeur, trouvées au-dessus de la mer. Sur une carte de France prêtée par une classe élémentaire, ils repèrent les endroits où les nuages peuvent se charger d'eau.
– *le déplacement :*
Ils constatent que plus il y a de vent, plus les nuages « courent » dans le ciel : c'est donc le vent qui les fait avancer.
Plusieurs observations ont permis de dégager que :
– il fait plus froid quand les nuages cachent le soleil
– il pleut quand : • les nuages sont bas,
• les nuages sont gris foncé;
– il ne pleut pas : • quand il n'y a pas de nuage,
• quand les nuages sont hauts,
• quand les nuages sont blancs,
et même quelquefois quand le ciel est « tout gris ».
Les enfants ont classé et codé les différentes chutes de pluie.
La petite pluie ou bruine ::::::, la pluie //// , l'averse **////** .
Ils ont cherché l'utilité de la pluie pour les arbres, les fleurs, les animaux, les hommes : pour avoir de l'eau dans les rivières, dans les sources, dans le réservoir d'eau qui apporte l'eau aux « robinets des maisons ».

– *les méfaits de la pluie :*

Quand il pleut trop les rivières débordent, il y a des inondations.
Quand il pleut tous les jours, les enfants sont tristes, ils ne peuvent pas sortir pour jouer dehors.

L'hiver, un jour de chute de neige (codée °°°°), ils observent que le ciel est gris comme lorsqu'il pleut. Pourquoi tombe-t-il de la neige? Ils constatent qu'il fait plus froid, que la neige est froide et que c'est la pluie qui s'est transformée en neige. A partir de cette information, un enfant, ou à défaut l'adulte, suggère de connaître la température extérieure, l'emploi du thermomètre est spontanément proposé par la classe. Il est décidé de noter tous les jours la température sur le calendrier météo. La température indiquée les jours de neige est autour de 0 °C, ce qui permet d'introduire les températures négatives et positives et de les noter sur le calendrier.

– *les méfaits du froid :*

Il y a du verglas, de la neige sur les routes qui deviennent dangereuses.
Les rivières sont gelées, les poissons meurent.
Les arbres peuvent mourir de froid.

mais aussi les plaisirs de la neige :
– batailles de boules de neige, glissades sur la neige, construction du bonhomme de neige, ski, luge, etc.

Prolongements

L'observation du ciel conduit les enfants à s'intéresser particulièrement à la forme, la couleur des nuages, ils recherchent spontanément des formes évocatrices. L'enseignant propose quelques jeux.
– Chercher des formes de nuages représentant un personnage, animal, objet... les dessiner.
– Imaginer un ciel plein de nuages aux formes bizarres, le dessiner.
– Dessiner des enfants-nuages, des animaux-nuages, des fleurs-nuages, des arbres-nuages.
– Avec de la peinture, composer la palette des couleurs des nuages.

– Fabrication d'un ciel nuageux.
Matériel : une boîte à chaussures, du fil à coudre, du coton, de la peinture.
Objectif : réinvestissement des différentes observations :
– forme allongée, arrondie, effilochée...,
– couleur,
– hauteur dans le ciel.
Fabrication : peindre des morceaux de coton en utilisant la palette et les laisser sécher. Scotcher du fil à coudre de différentes longueurs sur les cotons et installer les nuages en les fixant avec le Scotch sur le haut de la boîte.
Les nuages peuvent aussi être découpés dans du carton ou papier fort peint.

Le vent

Observations avec pistes incitatrices

Mais comment le petit nuage du livre se déplace-t-il dans le ciel? La classe profite d'un jour de grand vent pour aller observer dans la cour ce que font les nuages. Les enfants les voient se déplacer vite, se déformer et constatent que beaucoup d'autres choses bougent : les feuilles, les branches des arbres, l'herbe, les fleurs, mais aussi les cheveux, les vêtements, la poussière du sol. Ils sentent le souffle du vent sur leurs visages et, s'ils se retournent, qu'il les pousse dans le dos. Les enfants en cherchent la raison et, en s'aidant de l'observation de la course des nuages, du mouvement des herbes, des arbres penchés du même côté, trouvent d'où vient le vent.

C'est le vent qui les pousse, il est très fort...

Mais le vent souffle-t-il toujours dans la même direction? Devant des réponses différentes, l'adulte demande aux enfants de tracer sur le sol, avec une bande adhésive, la direction du souffle du vent. Il est à noter la difficulté qu'ont les enfants à saisir à la fois d'où vient le vent et sa direction de souffle.
A partir d'un point fixe et assez central (plaque d'écoulement des eaux, arbre, banc, par exemple) faire désigner l'endroit précis qui reçoit le souffle du vent et faire coller une bande adhésive de direction (flèche) vers cet endroit.

De retour en classe les enfants, par groupes de 4 ou 5, avec l'aide de l'adulte, font le plan de la cour avec les repères principaux : par exemple, un grand arbre, les fenêtres d'une classe donnée, la porte d'entrée, un mur et le point fixe. Ils tracent ensuite la flèche de direction indiquée dans la cour et vont vérifier sur le terrain. A l'aide d'un tampon encreur, ils marquent la date le long de la flèche.
Cette recherche ayant posé des difficultés à certains enfants, l'adulte propose la fabrication de « drapeaux » individuels aussitôt utilisés.

Activités manuelles

Fabrication des drapeaux
Matériel : une règle ou un bâton, du ruban léger et étroit, du sparadrap ou colle forte.
Fabrication : chaque enfant coupe un morceau de ruban qu'il fixe à la baguette.
L'adulte profite d'un jour où le vent ne souffle pas dans la même direction que précédemment pour réutiliser les drapeaux qui se tiennent tous dans le même sens, mais en traçant la flèche sur le sol, les enfants constatent qu'elle n'est plus dans la même direction que la précédente, ils la retracent en classe sur le plan avec la date. Parallèlement ils notent que le vent n'a pas toujours la même force : les drapeaux ne se soulèvent pas de la même façon d'un jour à l'autre. L'adulte propose de dessiner la position des drapeaux. Nous avons alors la symbolisation suivante que nous intégrons dans la transcription quotidienne du temps.

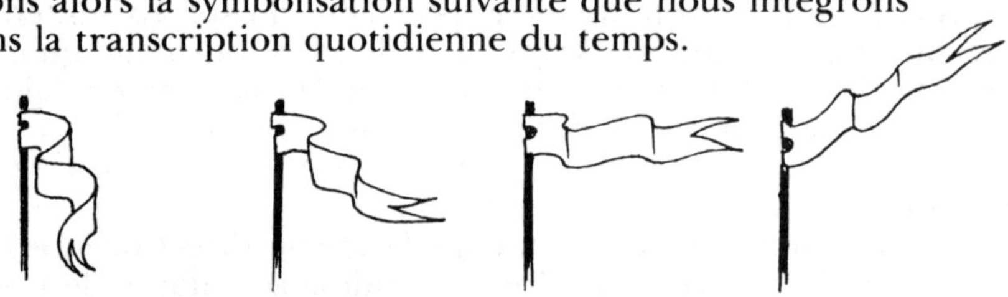

Fabrication d'un cerf-volant
Le matériel : ciseaux, stylo-feutre ou crayons de couleur, papier Ingres léger, colle cellulosique, fil de lin, deux baguettes de canne refendue de 27 cm et 35 cm de long, 3 mm de large et 2 mm d'épaisseur, bobine de fil à coudre assez gros, un rouleau de papier crépon, un rouleau de ruban adhésif, une aiguille, un cobillot (cheville en bois).

La fabrication : les enfants reproduisent la forme sur du papier Ingres en en contournant le patron fait par l'adulte.
Les enfants découpent la forme (il faut que le corps soit bien équilibré). Ils la décorent puis, avec l'aide de l'adulte, collent les baguettes, le fil de lin de 20 cm, à leur intersection, et font une boucle à l'autre extrémité. Le fil de retenue est en fil à coudre, attaché sur un cobillot passé dans la boucle. La bobine sert de dévidoir. La queue se compose de 3 ou 4 bandes de papier crépon de 2 à 3 cm de large et de 2,50 m de long. Elle est collée au dos du cerf-volant par du ruban adhésif. Si le vent est fort, la queue doit être plus lourde. Pour des jeunes enfants, la longueur de fil de retenue ne doit pas excéder 4 ou 5 m.

Conclusion

Au cours de ces observations, les enfants ont constaté :
– que la direction du vent change, parfois dans la journée même, mais qu'à un moment précis il souffle dans le même sens;
– qu'il n'a pas toujours la même force.
Les enfants ont cherché l'utilité du vent, leurs réflexions ont pu dégager qu'il servait :
– à faire sécher le linge;
– à faire avancer les planches à voiles, les bateaux à voiles;
– à faire tourner les ailes des moulins;
– à faire voler les cerfs-volants.
Un jour de grand vent nous avons observé notre environnement et avons recherché les méfaits du vent :
– il arrache les feuilles, les branches des arbres;
– quelquefois il arrache les arbres;

Il peut enlever les toits des maisons.
Quand il y a la tempête, les bateaux coulent et des gens se noient.

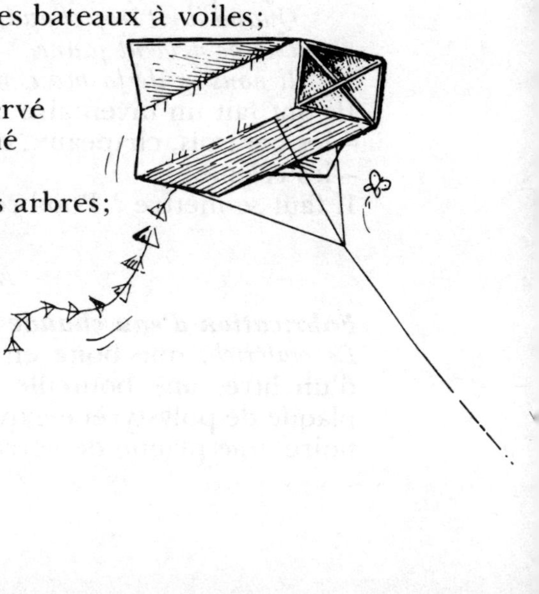

Le soleil

Observations avec pistes incitatrices

« ... Les feuilles et les herbes étaient toutes brûlées par le soleil, et les animaux ne trouvaient plus d'eau dans les mares... le nuage était très triste. » La suite de l'histoire sensibilise les enfants à l'influence du soleil.

> *Le soleil nous réchauffe... c'est du feu... il chauffe la terre... il est toujours là, même quand il est caché par les nuages... je ne le vois que le jour...*

(Pour cette dernière remarque se référer à la p. 86 du chapitre Astronomie.)

La notion de température est de nouveau abordée. A l'aide d'un thermomètre placé dans la cour, les enfants notent sur le calendrier les températures du matin et du début d'après-midi. Ils constatent que souvent la température du matin est plus basse, en cherchent la raison :

> *Avant c'était la nuit, il fait froid... il n'y a pas de soleil... le matin, le soleil arrive... il attend pour chauffer.*

Donc il n'a pas encore eu le temps de « chauffer le thermomètre ».
L'enseignant mobilise les enfants sur l'utilité et les méfaits du soleil.

> *Il réchauffe les enfants et les animaux.*
> *Il fait pousser les plantes, les arbres.*
> *Quand il est trop chaud, il brûle les fleurs, les herbes, elles se fanent, l'herbe devient jaune.*
> *Il nous brûle la peau, nous donne des coups de soleil.*

Ils ont fait un inventaire des protections contre le soleil :
– les parasols, chapeaux, casquettes;
– les crèmes.
Il faut se mettre à l'ombre, arroser les jardins.

Autres activités

Fabrication d'eau chaude grâce au soleil

Le matériel : une boîte en carton pouvant contenir une bouteille d'un litre, une bouteille, du papier d'aluminium ménager, une plaque de polystyrène expansé de 5 cm d'épaisseur, de la peinture noire, une plaque de verre.

La fabrication
– Recouvrir l'intérieur de la boîte avec le papier d'aluminium.
– Dessiner la bouteille sur la plaque de polystyrène, creuser pour y loger la bouteille.
– Peindre en noir la partie de la bouteille non exposée au soleil.
– Remplir la bouteille d'eau, la boucher, la poser sur la plaque, dans la boîte. Recouvrir de la plaque de verre. Placer au soleil.
– Après 2 heures au soleil l'eau est chaude. Elle pourra être utilisée pour laver une vaisselle au coin cuisine, des vêtements de poupée...

Visite d'une station météo
Il existe en France de nombreuses petites stations météorologiques situées dans les villes et les villages, dans la campagne, au bord des routes, en lisière de forêt.
Nous avons visité celle de La Faisanderie de Sénart en banlieue parisienne. Les enfants y ont découvert différents instruments de mesure, certains enfermés dans une boîte blanche à claire-voie.
Quelques instruments comme l'hydrographe ou le baromètre sont difficiles à interpréter par des jeunes enfants, d'autres, au contraire, ont permis une réflexion et des réalisations :
– l'anémomètre qui indique la vitesse du vent;
– le pluviomètre qui sert à recueillir l'eau des précipitations et à la mesurer à l'aide d'une graduation;
– le thermomètre, déjà utilisé en classe, et le thermographe sur lequel sont tracées les variations de température;
– la girouette qui nous indique la direction du vent.
Pour compléter nos observations à l'école, les enfants ont fabriqué avec l'aide de l'adulte des girouettes.

Une poésie

Hymne au soleil
...
Je t'adore, soleil! Tu mets dans l'air des roses,
Des flammes dans la source, un dieu dans le buisson!
Tu prends un arbre obscur et tu l'apothéoses!
Ô soleil! Toi sans qui les choses
Ne seraient que ce qu'elles sont!
Edmond Rostand

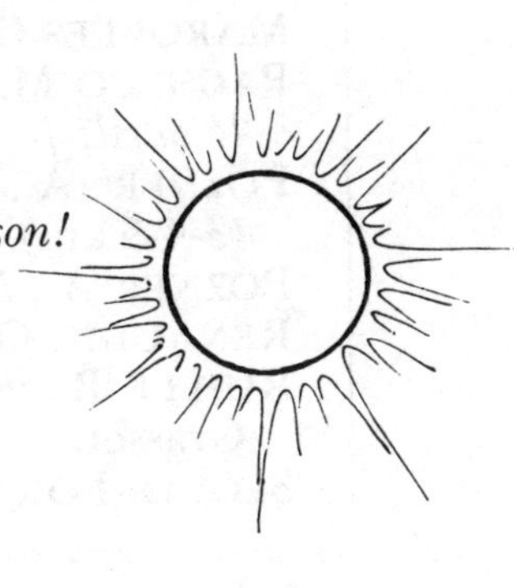

QUELQUES DONNÉES POUR L'ENSEIGNANT

La météorologie est la science qui étudie les lois des phénomènes de l'atmosphère. Le temps qu'il faisait, qu'il fait ou qu'il fera : telles sont les préoccupations essentielles des météorologues. Dans le monde entier, des météorologues relèvent les caractéristiques de l'atmosphère en surface, en altitude, de jour comme de nuit. A partir de ces observations, de ces analyses, des prévisions sont élaborées et diffusées au grand public et aux usagers spécialisés : transports aériens, routiers, ferroviaires, maritimes; pêche, agriculture, tourisme, protection civile.
Des moyens sophistiqués sont mis à la disposition de la météorologie : satellites en orbite polaire, satellites géostationnaires, réseaux d'observation, système mondial de télécommunications, ou par calculateurs; ce qui permet à tout possesseur de minitel de taper 36-15 MÉTÉO pour savoir comment se vêtir le matin!

BIBLIOGRAPHIE

Albums

CHEVALIER-BOSER J.-L., *Le petit nuage,* Magnard.
DERU M., *Le petit nuage pris de vertige,* Gautier-Languereau.
FRONSACQ A., *Aujourd'hui il pleut,* Flammarion.
GRÉE A. et G., *Petit Tom et la météo,* Casterman.
IDATTE J.-P., *Monsieur le vent,* Les trois chardons.
LAFERTÉ B., *Deux petits nuages en voyage,* Fleurus-Enfant.
MAROLLES C. de, *Drôles de nuages,* Grasset.
PACHECO M. A., GARCIA-SANCHEZ J. L., *Je suis l'air; Je suis le soleil; Je suis une goutte d'eau,* Granger.
POZNER A., *La pluie et le beau temps,* coll. Viens voir (3-4-5 ans), Nathan.
POZNER A., *Le vent,* coll. Viens voir (3-4-5 ans), Nathan.
RENAUDIN O., *Big B. et Petit Nuage,* Messidor-La Farandole.
RUILLE B., *Histoire du nuage qui était l'ami d'une petite fille,* Grasset.
SEGUIN-FONTES M., *Quel temps fait-il?,* Gautier-Languereau.

SPITER P., *Il pleut,* L'école des loisirs.
TENAILLE M., *Comptines de la pluie et du beau temps,* Fleurus-Idées.
TOLSTOÏ C., SEGUIN-FONTES M., *Aurus l'enfant du soleil,* Grasset.
Le temps, coll. Historiettes, Gamma.

Documentaires

CLAUSSE R., *Fera-t-il beau demain?,* Ophrys.
GILLOT-PÉTRÉ A., *La météo et ses secrets,* Nathan.
GRÉE A., *La météo,* Casterman.
VERDET J.-P., *Le livre du ciel,* Découverte Cadet, Gallimard.
« Cerfs-volants et jeux du vent », *Jeunes années magazine,* n° 128bis, juin 1978.
« Ces animaux qui prévoient la pluie et le beau temps », *La Vie des bêtes, 30 millions d'amis,* n° 43, janvier 1982, p. 42-45.
La météo d'A à Z, Association des amis de l'Aigoual 30570 Vallerangue, Éd. Nove.
Le temps, coll. Mieux connaître, Gamma.
Revue *La Recherche,* « Météo », supplément au n° 201.
« Solaire », *Jeunes années magazine,* n° 146, mars 1982.

L'astronomie

Objectifs spécifiques

– Observations de phénomènes quotidiens pour s'interroger sur un milieu lointain.
– Connaissance d'un nouveau matériel optique.

Situation de départ

Un jour de grand beau temps, le soleil pénètre dans la classe et gêne certains élèves car il les éblouit. Un enfant tire un rideau. Une demi-heure plus tard, il faut fermer un deuxième rideau. L'adulte intervient pour demander pourquoi le soleil est maintenant à cet endroit. Les enfants pensent que le soleil a bougé. L'enseignant sollicite alors la classe pour mettre à jour leurs connaissances...

> *Le soleil bouge dans le ciel... la lune aussi... la nuit il n'y a pas de soleil... il y a la lune mais elle ne fait pas assez de lumière pour faire comme le jour... quand il fait jour chez nous, il fait nuit en Chine... la lune est ronde et des fois en croissant... quelquefois il y a des millions d'étoiles... je crois que la terre est ronde.*

Pour motiver l'ensemble de la classe, l'enseignant introduit l'album *Jean de la Lune* (T. Ungerer, L'école des loisirs) dans lequel un habitant de la Lune vient sur la Terre en attrapant la queue d'une comète. Après quelques aventures et mésaventures, il retourne sur la Lune dans une fusée construite par un savant.

Observations avec pistes incitatrices

L'intérêt de l'histoire entraîne les enfants à s'interroger sur l'espace qui nous entoure en partant de leurs premières réponses.

La Lune

Les enfants l'observent le soir avec la complicité de leurs parents ou avec l'enseignant au cours d'une classe de découverte. *Elle est ronde... elle est en croissant... il est de plus en plus petit..., elle a disparu.* Nous notons, sur le calendrier, chaque matin, la forme de la lune aperçue le soir précédent. La classe s'interroge sur le phénomène, regarde sur des livres prêtés par des parents, par la maîtresse, par la bibliothèque. Ils apprennent, grâce aux images et à la lecture que fait la maîtresse, que la Lune est éclairée par le Soleil et que le phénomène de variation de la forme est dû aux mouvements de la Terre par rapport au Soleil. L'enseignant fait une simulation de ce phénomène avec une lampe torche, un projecteur, un globe terrestre et une balle de tennis.

Sur les livres documentaires, les enfants voient des photos de la Lune avec des cratères, des trous. Ils s'interrogent : *Qui a pris les photos? Peut-on les voir de la Terre?* L'adulte introduit alors le rôle des satellites et des appareils grossissants. La classe aura une lunette astronomique. Avant de l'utiliser, l'enseignant intéresse les enfants à l'emploi des appareils grossissants.

– **La loupe :** les enfants regardent des fleurs avec une loupe, comparant l'image avec la réalité, dessinent la fleur et son image grossie.

– **Les jumelles :** à l'aide d'un poster porteur de nombreux détails, les enfants vont comprendre le rôle de cet appareil.

L'enseignant marque un endroit du poster à l'aide d'un cercle de papier. L'enfant regarde de loin, avec des jumelles, l'endroit désigné et doit le dessiner. Chaque enfant a un endroit différent à reproduire et va ensuite vérifier de près si les jumelles lui ont donné la bonne image.

– **La lunette astronomique :** un soir de grand beau temps, par une température très froide (conditions idéales pour avoir un ciel parfaitement dégagé, surtout dans les grandes villes) et un jour de pleine lune (ou presque), la classe utilise une lunette astronomique. La séance a lieu dans l'école, un soir d'hiver, vers 20 h, avec la présence des parents. Chacun a pu admirer les « trous » de la Lune et même un grand fossé, sans doute une mer lunaire.

Grâce à des documents (livres, diapositives), les enfants voient que le sol de la Lune est fait de poussière et de roches.

Les enfants s'interrogent sur la présence humaine sur cette planète. Dans l'ensemble et spontanément, la réponse est négative. Plusieurs hypothèses sont avancées : *Il fait trop chaud, il n'y a rien à manger, on ne peut pas respirer.* L'adulte leur explique que la raison principale est l'absence d'oxygène, mais aussi le bombardement par des météorites qui font des trous énormes. Les enfants rapprochent la présence ou non d'oxygène avec les séances de piscine : *On respire de l'oxygène avant d'aller sous l'eau.*

La Terre

La plupart des enfants connaissent les globes terrestres et par ce fait savent que la Terre est ronde. Mais ils s'interrogent : *Pourquoi c'est droit par terre?* Au cours d'une sortie, dans un endroit dégagé, ils observent l'horizon, le traçent avec leur bras et constatent qu'il n'est pas droit mais que c'est *le début d'un rond.*
Les enfants font un inventaire de ce qu'on trouve sur Terre : viennent d'abord *les papas, les mamans, les enfants, les maisons, les arbres,* puis en regardant le globe terrestre s'ajoutent les montagnes, les mers, les rivières, la campagne et pour comparer le sol de la Terre à celui de la Lune, ils trouvent l'eau, les rochers, le sable.

Le Soleil

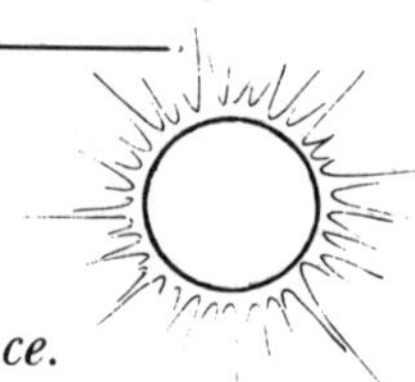

Les enfants constatent qu'il les éblouit.

Il fait fermer les yeux, on ne peut pas le regarder en face.
Il est en feu.

Les enfants s'interrogent sur le « déplacement » du Soleil (voir chapitre sur la lumière).
Ils recherchent dans des documents pour vérifier si c'est bien le Soleil qui bouge. A la lecture de l'adulte, ils apprennent que c'est la Terre qui tourne sur elle-même. En s'aidant du globe terrestre et d'une lampe torche, ils remarquent que lorsqu'un côté est éclairé, l'autre ne l'est pas. *Quand il fait jour en Chine, il fait nuit chez nous.* Qu'elle tourne autour du Soleil en une année et qu'elle tourne « penchée », si bien que lorsqu'elle est plus près du soleil c'est l'été, et plus loin c'est l'hiver.

Les étoiles

La soirée d'observation de la Lune a permis de regarder les étoiles. La nuit choisie étant une nuit de presque pleine lune, elles ont été plus difficilement repérables. Les parents ont consacré d'autres moments à faire observer des étoiles dans le ciel. Les représentations dans les livres les ont sensibilisés à certaines représentations comme la Grande et la Petite Ourse. L'endroit où il y a beaucoup d'étoiles, la Voie lactée, a été aussi très remarqué. Certains enfants se sont rappelé avoir vu des étoiles filantes pendant leurs vacances.

Les autres planètes

En consultant la documentation, les enfants voient qu'il y a d'autres planètes. Ils sont très attirés par Mars, la planète rouge, et par Saturne avec ses anneaux. Le soir de l'observation, certains enfants ont remarqué une « étoile » plus brillante que les autres. C'est Vénus.

Les comètes

Jean de la Lune, dans l'histoire, vient sur Terre en attrapant la queue d'une comète. Les enfants recherchent dans les livres des représentations de comètes.

C'est un astre, une étoile avec une queue, le soleil fait briller sa queue.

Des comètes sont réalisées :
- en dessin,
- en activités manuelles,
- avec un bas dont l'extrémité est bourrée puis nouée,
- avec une balle de tennis sur laquelle sont fixés (avec de la colle forte) des rubans de tissu.

Les deux formes de comètes sont utilisées en motricité pour effectuer différents lancers en hauteur, en longueur, dans une cible, par-dessus ou en dessous d'un obstacle.

QUELQUES DONNÉES POUR L'ENSEIGNANT

L'astronomie est la science qui a pour objet l'étude de l'univers qui nous entoure : astres, planètes, étoiles, météorites, comètes, et qui cherche à déterminer leur constitution, leur formation, les lois de leurs mouvements. C'est sans doute la plus ancienne des sciences, et aussi celle qui a le plus puissamment contribué à l'évolution de la pensée humaine. Elle est née des besoins de la vie quotidienne (mesure du temps, agriculture, navigation...) et des craintes de l'homme primitif devant les phénomènes naturels.
Voici quelques renseignements sur les planètes qui ont attiré la curiosité des enfants.

La Terre : c'est une planète bleutée. Elle a 12 800 km de diamètre, tourne autour du Soleil en 365,25 jours à une distance moyenne de 150 millions de km, et sur elle-même en 23 h 56 mn 04 sec.
Sa particularité est d'être l'unique planète du système solaire où la vie s'est développée. Elle est entourée d'une atmosphère qui se compose de 77 % d'azote, 21 % d'oxygène, 1 % d'eau et un peu moins d'1 % d'argon.
Elle est composée de continents, 20 % constitués surtout de roches non volcaniques et de fonds océaniques, 71 % composés de roches volcaniques. La Terre possède un champ magnétique.

La Lune : c'est le satellite de la Terre. Elle se situe à 384 000 km de notre planète. C'est l'objet céleste le plus proche de nous. Elle a un diamètre de 3 480 km. Elle tourne autour de la Terre en 29,5 jours.
Elle ne possède pas d'atmosphère. N'étant pas freinées, les météorites arrivent donc jusqu'à son sol en creusant des cratères géants atteignant jusqu'à 200 km de diamètre.
Elle est composée de « mers », de continents, de cratères. Il n'y a pas d'eau liquide à la surface de la Lune.
La Lune ne possède pas de champ magnétique.

Vénus : elle est située à 108 millions de km du Soleil autour duquel elle se déplace sur une orbite presque circulaire. Elle a 12 200 km de diamètre.

Vénus nous dissimule toujours sa surface sous une abondante couche de nuages mais elle a un rayonnement intense. Elle a une atmosphère composée de 96 % de gaz carbonique et 3,5 % d'azote et d'oxygène moléculaire.
Elle a un relief simple avec des montagnes et des plateaux et quelques cratères.
Elle a une température élevée.

Saturne : c'est une grosse planète. Elle tourne autour du Soleil en 29,5 ans à une distance de 15 millions de km du Soleil. Son atmosphère est composée de 93 % d'hydrogène moléculaire et de 7 % d'hélium. Saturne possède un champ magnétique. Elle est célèbre pour ses anneaux.

Mars : la planète a 6 780 km de diamètre, tourne autour du Soleil en 687 jours, à une distance variant entre 207 et 249 millions de km. C'est un astre brillant, de couleur rougeâtre.
Elle a un relief composé de canyons et de volcans géants. La coloration rougeâtre provient de la présence d'oxydes de fer à sa surface.
L'eau est présente sur Mars sous forme de vapeur ou de glace.

Le Soleil : le Soleil est une étoile de 1 392 000 km de diamètre, sa température de surface est de 6 000° C., celle du centre de 1 500 000° C. Il tourne sur lui-même en 25,2 jours. C'est une sphère gazeuse formée de 78 % d'hydrogène et 20 % d'hélium.

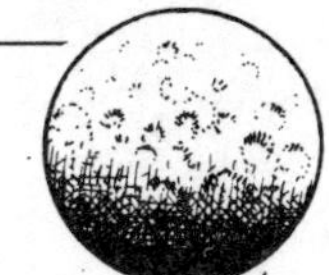

BIBLIOGRAPHIE

Albums

BAROKAS B., *J'ai vu un dinosaure qui mangeait des étoiles,* Amitié.
BOUCHON R., *La lune prisonnière,* Les contes du C.E., Hachette.
ICHIKAWA S., *La vraie place des étoiles,* L'école des loisirs.
MASSEPAIN A., *Le rayon des étoiles,* Magnard.
POZNER A., *Le jour et la nuit,* Nathan.
PRÉVERT J., *L'opéra de la Lune,* Rouge et Or.
RENAUDIN H., *Juanito et l'étoile,* Seuil-Jeunesse.

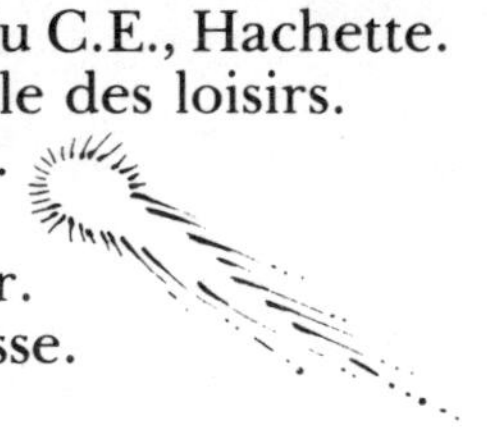

SAINT-EXUPÉRY, *Le petit prince.*
SPILLERS D.O., *Le baiser de lune,* Milan.
SYLVIE A., *Chat lune,* Père Castor, Flammarion.
TANAKA B., *Les contes du ciel,* Syros.
TERSAC H., *Petit Jean va dans la Lune,* Grasset-Jeunesse.
UNGERER T., *Jean de la Lune,* L'école des loisirs.
VALANDRE M., *Le jour où le soleil a oublié de se lever,* Grasset.
VEINE H., *Le merveilleux voyage de la nuit,* L'école des loisirs.

Documentaires

BERGH C. de, *A la découverte du ciel,* coll. En savoir plus, Hachette.
MUIRDEN J., *Notre univers,* Hatier-Découverte.
REEVES H., *Soleil,* La Noria.
STORM DUNLOP, *Astronomie,* Bibliothèque de la nature, Bordas.
Les comètes, mini-documentation, Gamma.
Le système solaire, Pour la science, Belin.
Voyage dans les étoiles, coll. Les chemins du savoir, Casterman.

Deuxième partie

LES SCIENCES PHYSIQUES

Viviane Michel

Les miroirs

Objectifs

Permettre à l'enfant, à travers ses manipulations, de découvrir les propriétés des miroirs :
- réflexion de la lumière;
- déformations de l'image réfléchie selon la forme du miroir (concave, convexe);
- symétrie de l'image réfléchie;
- champs réfléchis.

Situations de départ

En partant du quotidien, l'enseignant crée des occasions où l'usage du miroir devient indispensable : se maquiller, s'admirer masqué ou coiffé...
Dans ces situations où la place du miroir devient prépondérante, le seul miroir de la classe ne suffit plus et pour remédier à l'impatience de devoir se partager les reflets, l'adulte répond aux besoins par l'apport de plusieurs miroirs de tailles et de formes différentes et de diverses surfaces réfléchissantes. Parallèlement, il peut aussi enrichir l'imaginaire par le récit de contes mythologiques *(Persée et la Gorgone, Narcisse)* et de la tradition orale occidentale *(Blanche-Neige).*

Pistes de recherche

Qu'est-ce qu'un miroir?

Des interrogations naissent à propos de cet objet. L'adulte fait apparaître la distance qui sépare l'objet magique des contes de l'objet de la vie ordinaire, et pose la question de l'utilité des miroirs.
Aux premières réponses des enfants, l'adulte propose de chercher des miroirs : où les trouve-t-on? A quoi servent-ils?
S'établit alors un premier inventaire des différents lieux où l'on

peut en rencontrer : il y a ceux de l'école, empruntés pour nos maquillages, ceux de la maison, de la rue...
A chaque découverte, l'adulte pose le problème de l'usage particulier de chaque miroir : celui du sac à main de la maîtresse, celui du magasin, de l'automobile, celui de la salle de danse...
Il amène à prendre conscience que le miroir sert à regarder ce que l'on ne peut voir sans lui : son propre visage, son propre dos, son corps en train de danser ou *« la route derrière l'automobile ».*
Lors des emprunts de miroirs dans l'école, les enfants ont reçu diverses recommandations quant à la fragilité du matériau. En réitérant ces conseils de soin et de précautions lors des manipulations, l'adulte s'assure que l'enfant en comprend les raisons.

Le maître élargit la notion de « miroir » à celle, plus vaste, de surface réfléchissante par une interrogation : « Peux-tu te voir ailleurs que dans un miroir en verre? »
Auparavant, il aura multiplié les objets possédant ce pouvoir réfléchissant : en recouvrant certains pots cylindriques servant à ranger crayons et stylos d'adhésif-miroir or ou argent, en déposant dans le « coin coiffeuse » un miroir grossissant, des flacons, tubes ou pots de crème possédant des couvercles, bouchons, capuchons aux mêmes propriétés; en enrichissant le coin cuisine de couverts (cuillères, louches, couteaux), de casseroles, de couvercles chromés « flambant neufs » et en veillant à la variété des surfaces réfléchissantes dans leurs formes (plates comme les couvercles de casseroles, les couteaux à poisson ou courbes, concaves ou convexes), dans leurs couleurs (or, argent, couleur laquée...) et dans leurs différents degrés de polissage (cuillère neuve ou très usagée).
A ce propos, l'enseignant garde les chutes d'adhésif-miroir pour que les enfants les abrasent au papier de verre fin et qu'ils observent la nouvelle qualité de surface : abrasée, elle ne renvoie plus d'image.
L'adulte ajoute à ce matériel des cartons souples recouverts d'adhésif-miroir qui permettent d'expérimenter les déformations de l'image. Ce moment-là fait beaucoup rire les enfants.
L'enseignant demande de faire le tri entre les « objets-miroirs » qui renvoient l'image non déformée et ceux qui la déforment.
A partir de leurs observations, il fait rechercher parmi l'ensemble des surfaces réfléchissantes, déformantes, celles qui allongent, aplatissent, renversent, grossissent, rapetissent.
Certaines surfaces appartiennent à plusieurs catégories, comme le

cylindre qui, selon sa position par rapport à l'objet (axe horizontal ou vertical), renvoie une image soit aplatie, soit allongée, ou comme les miroirs concaves qui, selon le foyer utilisé, grossissent l'image ou la renvoient inversée.
Au cours de ces tris, attirer l'attention des « expérimentateurs » sur les qualités des surfaces réfléchissantes : sont-elles identiques? Inventorier les différences de formes : sont-elles plates, courbées, gondolées?...

Observer les déformations des miroirs

Après avoir facilité l'exploration des reflets du corps, de différents objets, de dessins à travers différentes sortes de miroirs, l'adulte focalise l'attention sur :
– l'image reflétée dans un miroir cylindrique. Celle de petits objets, figurines, celle de dessins constitués de lignes parallèles.
Que deviennent les lignes droites? Comment faut-il placer le cylindre de façon à obtenir une ligne droite?
Que deviennent les lignes courbes? Trouver comment positionner le cylindre de façon à ce que les lignes courbes deviennent droites sur le miroir.
– Les anamorphoses. Ce sont des images déformées qui peuvent être redressées par leur réflexion dans un miroir cylindrique, prismatique, conique, pyramidal...

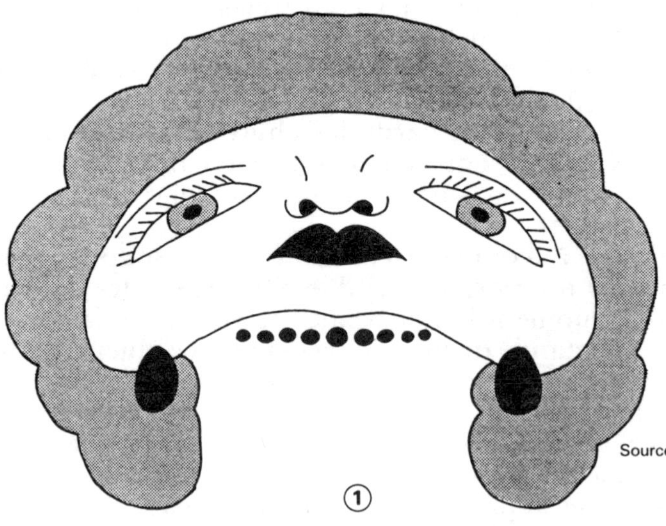

①

Source : MOUVIER J.-P. et NEUVILLE C., *Jouets optiques*, Dessain et Tolra.

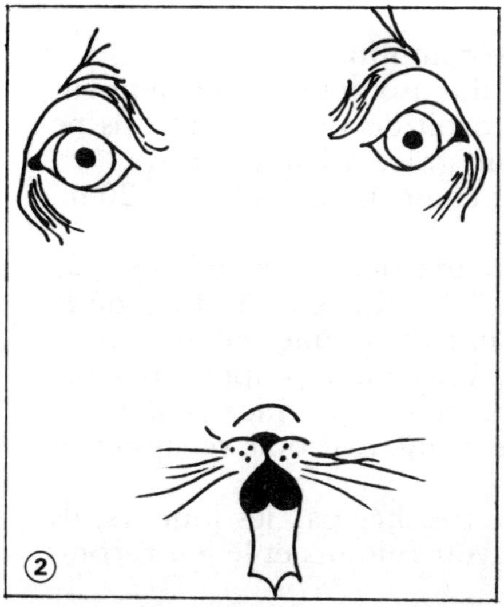

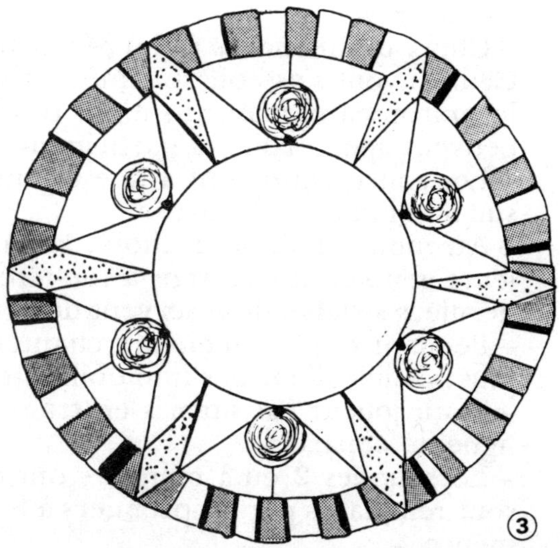

Les anamorphoses présentées ici sont redressées par un miroir cylindrique (1), conique (2) et pyramidal (3).
Les défis proposés aux enfants sont d'associer miroir et anamorphose et d'essayer d'inventer des « anamorphoses » à partir d'un miroir cylindrique ou conique.

Jeux

Jouer à orienter un miroir

Préparation au jeu
– Comment se placer pour se voir dans un miroir?
– Comment placer le miroir pour y voir le visage d'un autre? Voit-il aussi mon visage dans le miroir?

1-2-3 Rétro
Objectifs : pour les meneurs, il s'agit d'orienter un miroir pour explorer un champ arrière; pour les autres, essayer d'échapper au champ des miroirs; réagir au signal; s'équilibrer.
Matériel : pour le ou les meneur(s) : une chaise et un miroir (utilisé comme rétroviseur); une corde, une ligne au sol matérialisant la zone de départ.
But du jeu : arriver à toucher l'un des meneurs, sans être vu en mouvement.

Déroulement :
– Choix des meneurs (2 ou 3) par une comptine.
Ceux-ci vont s'asseoir sur une chaise, dos aux joueurs, et tiennent les miroirs à la main; ils n'ont pas le droit de se retourner, ils ne peuvent apercevoir les participants que grâce à leurs miroirs.
– Les concurrents sont à une distance comprise entre 10 et 20 m, sur une ligne de départ.
– Au moment de leur choix, les meneurs posent les miroirs sur leurs genoux et chantent à tue-tête « 1-2-3 Rétro ». A la fin de la dernière syllabe, ils se servent de leur miroir comme rétroviseur.
– Pendant que les meneurs chantent, les joueurs s'approchent le plus possible d'eux et s'immobilisent à la fin de la dernière syllabe.
– Si un joueur est surpris en train de bouger, il doit regagner la ligne de départ.
– Lorsque les 2 ou 3 meneurs ont été touchés par les joueurs, ils sont remplacés par les premiers à les avoir rejoints et le jeu recommence.
D'autres jeux d'éducation corporelle peuvent être adaptés de cette façon.

Jouer grâce à l'image du miroir

Les jeux suivants sont proposés comme des défis individuels, avec un miroir posé sur la table devant le jeu (se servir quand c'est possible de miroirs muraux).
Certaines formes peuvent se prêter à des jeux collectifs (à 2 ou 3).
Objectifs :
– ajustements oculo-manuels de précision,
– structuration d'un espace inhabituel (symétrique),
– observation des limites du champ réfléchi selon la taille du miroir et les positions de celui-ci et de l'objet.

Puzzle et miroir

Matériel par joueur : – un puzzle d'une vingtaine de morceaux ou un jeu de cubes avec modèles (connus des enfants),
– un miroir (identique).
But du jeu : reconstituer un assemblage, un puzzle, selon le modèle, grâce au reflet dans le miroir. Avoir fini le premier si le jeu est collectif.
Déroulement : chacun choisit un modèle (même difficulté, même nombre de pièces), le dépose devant son miroir posé verticalement et essaie de le reconstituer en s'aidant exclusivement du reflet.

Cheminer. Jeu à 2 ou 3.
Matériel :
• un feutre de couleur différente par joueur permettant d'identifier le tracé de chacun,
• un miroir vertical,
• une feuille imposant un cheminement.
But du jeu : parvenir le premier à franchir la distance séparant départ et arrivée en ne regardant que le reflet dans le miroir.
Déroulement :
– Jouer chacun à son tour (ordre tiré au sort).
– Chaque joueur fait partir son tracé de la case départ et chemine en contournant les obstacles.
– Si le tracé du joueur dévie et franchit un obstacle, il passe son tour, ainsi que s'il regarde ses mains.
– Au tour prochain, soit il reprend son tracé où il l'a laissé, soit il reprend le cheminement depuis le départ (à déterminer avec les joueurs en fonction des difficultés rencontrées).

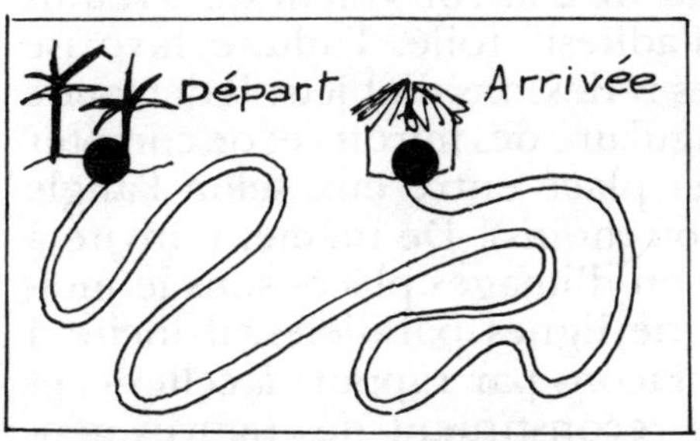

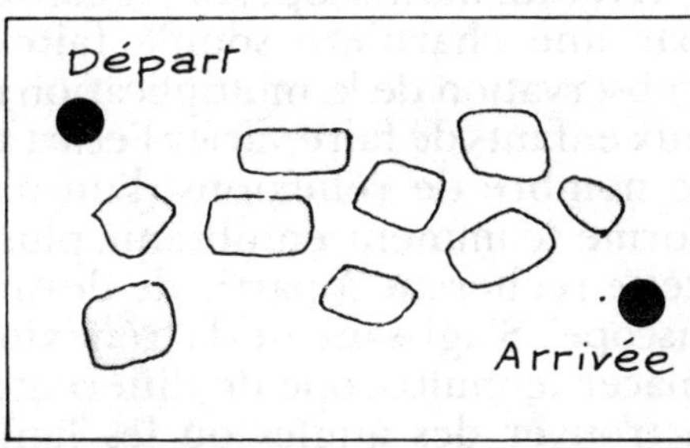

Jouer avec la symétrie renvoyée par un miroir

La symétrie a été abordée à l'occasion de découpages de papier plié pour confectionner des napperons, ribambelles, masques... de jeux de taches d'encre s'étalant au hasard à l'intérieur d'une feuille pliée en deux, de copie d'un dessin à travers un calque plié en deux, de pliages (fusée, sablier) et de jeux d'expression corporelle : copier les gestes de l'autre comme le reflet dans le miroir.
Ici, à travers différents exercices, l'adulte incite à la vérification de la symétrie à l'aide du miroir.
Il peut s'agir de dessiner en jouant avec ce principe : après avoir reproduit symétriquement un dessin, l'enfant en contrôle l'exactitude dans le reflet du miroir, ou encore de rechercher des images présentant une symétrie : paysages avec reflets dans l'eau, édifices, objets usuels, fruits...

Le but de l'exercice est de trouver l'axe de symétrie, c'est-à-dire l'endroit où placer le miroir pour obtenir une image identique à l'initiale. Ces recherches des axes de symétrie peuvent aboutir à la création d'un jeu de dominos.

A l'inverse, placer le miroir dans une position quelconque sur des images ne présentant aucune symétrie permet d'inventer :
– des objets qui pourraient exister (personnages, animaux, objets insolites);
– ou des objets fantastiques (personnage à 4 bras et 4 jambes et 2 têtes).

Jouer avec la symétrie renvoyée par 2 ou plusieurs miroirs

– Avec un multiscope, objet constitué de 2 miroirs identiques réunis par une charnière souple faite d'adhésif toilé, l'adulte favorise l'observation de la multiplication des réflexions d'objets. Il demande aux enfants de faire varier l'écart angulaire des miroirs et de compter le nombre de réflexions d'un objet placé entre eux selon l'angle formé (comment en obtenir plus, ou moins). De même, il invite à cette recherche à partir de dessins ou d'images placés sous le multiscope. S'agissant de la réflexion de lignes parallèles, il incite à placer le multiscope de différentes façons par rapport à celles-ci et à trouver des angles où les lignes reconstituent des figures géométriques connues (triangle, carré, polygone à 5 côtés...).
– Avec 2 miroirs identiques placés face à face, l'adulte favorise l'exploration de l'alternance et de la multiplication des réflexions d'un objet placé entre eux.
– Avec un kaléidoscope à 3, 4, 6 miroirs...
Confection
L'enseignant fait découper dans le commerce, dans du miroir ordinaire, des rectangles de taille identique (3, 4 ou 6) ou les découpe lui-même grâce à une roulette de verrier, puis les associe selon leurs grands côtés par un adhésif de façon à ce que les surfaces réfléchissantes des miroirs se trouvent à l'intérieur des différents polyèdres ainsi constitués. Après avoir protégé les rebords externes (qui pourraient être coupants) par un bourrelet adhésif, il obture une des bases de chaque polyèdre avec du papier calque et fait

découper par les enfants des morceaux de plastique ou de papiers translucides de couleurs et de formes variées qu'ils pourront disposer ou retirer à loisir à l'intérieur des kaléidoscopes.
Avant l'obturation par les calques, il aura favorisé l'observation des reflets à l'intérieur des différentes formes de kaléidoscope.
Pour les consolider, il les gaine d'adhésif toilé, tout en laissant la forme du polyèdre visible, de façon à ce que l'enfant puisse établir une relation entre le nombre de miroirs et les qualités de réflexion.
Exemple : le parallélépipède rectangle donne des réflexions à l'infini sur chaque face de ses miroirs (miroirs parallèles 2 à 2).
Les enfants explorent des combinaisons avec des petits objets (boutons, trombones...) dont certains renvoient la lumière. L'émerveillement est garanti!

Jouer avec la lumière

Un jour ensoleillé, un miroir déposé près d'une fenêtre, de façon à recevoir et à renvoyer la lumière solaire, crée les interrogations : quelle est la nature de cette tache lumineuse? D'où vient-elle?
Si l'adulte a pris soin de placer le miroir de telle façon que la localisation de la forme lumineuse soit facilement repérable, certains enfants en remarquent le lent déplacement.

Elle était sur le tableau et maintenant elle est sur le mur.

Par temps mitigé où alternent nuages et éclaircies, la forme disparaît puis réapparaît. Si ces alternances se répètent assez rapidement, l'enfant établit facilement une relation avec les intensités lumineuses de l'extérieur, et donc l'apparition et la disparition du soleil.
Si malgré tout la relation miroir-reflet ne s'établit pas, l'adulte provoque des occasions de déplacer le miroir et donc le reflet.

Une fois établie, la relation soleil-miroir-reflet lumineux, certaines pistes peuvent être approfondies à partir des questions :
– à quels moments apparaît et disparaît la tache lumineuse?
– quel chemin parcourt-elle dans la classe?
– Est-ce tous les jours pareil?
A partir de ces observations, la classe peut créer une horloge solaire en fonction des moments importants de la journée.
Spontanément, en jouant avec les reflets lumineux, certains essaient de placer leur reflet à un endroit précis, de suivre un itinéraire, de se poursuivre, de se rattraper, de se toucher.

QUELQUES DONNÉES POUR L'ENSEIGNANT

Un miroir est une surface réfléchissante qui renvoie la lumière et produit l'image des êtres et des choses.

Autrefois le miroir *(speculum)* servait à « spéculer » c'est-à-dire à observer le ciel et les mouvements des astres. Objets de luxe, les miroirs étaient confectionnés à partir du polissage de surfaces métalliques, comme le bronze, l'or ou l'argent ou celui de minéraux comme le « plasma » (du grec image), agathe de jaspe vert sombre. Aussi, comme dans la légende de Narcisse, les hommes devaient se contenter d'observer leur image dans les reflets de l'eau.

Aujourd'hui, pour avoir un bon réflecteur, les métaux sont toujours employés, mais ils présentent l'inconvénient de se rayer facilement. Pour l'usage courant, les miroirs sont constitués d'une fine couche d'étain amalgamé d'argent ou d'aluminium, posée au dos d'une lame de verre (miroirs à argenture postérieure). Ce procédé ne permet pas une grande précision, car la lame de verre modifie la marche des rayons et la réflexion sur la face avant du verre donne une seconde image relativement peu intense mais inacceptable dans le cas d'optique à usage scientifique. Pour celui-ci, on emploie l'argenture antérieure qui donne un véritable miroir.
L'argent se ternissant vite au contact des impuretés de l'air, d'autres métaux sont employés, moins altérables, comme l'aluminium ou plus durs, comme le chrome.

Propriétés des miroirs

– Le miroir plan donne de l'objet éclairé une image de même dimension.
Applications : glace de poudrier, miroir de salon, périscope (2 miroirs).

– L'image renvoyée, symétrique par rapport au plan du miroir, est inversée : dans le miroir, la partie gauche de l'image de l'objet est en fait le reflet de sa partie droite.

Applications : miroir utilisé en imprimerie pour redresser les caractères.

– Le miroir renvoie la lumière selon un angle égal à celui qu'elle faisait en le touchant.
Il y a égalité des angles d'incidence et de réflexion.
Applications : les catadioptres ou cataphotes constitués de nombreuses cellules réfléchissantes de petites dimensions; le miroir de détresse (attirail de survie pour la navigation nautique); boules à facettes (décor de boîtes de nuit); « miroir aux alouettes » : engin composé d'une planchette mobile munie de petits miroirs que l'on fait tourner et scintiller au soleil pour attirer les oiseaux. Dans la nature, le plumage du colibri fonctionne sur ce principe : le halo de lumière qui l'entoure et la brillance de son plumage sont l'effet de la réflexion de la lumière sur de minuscules dispositifs incorporés à ses plumes et faisant office de miroirs.
– Les miroirs en combinant leurs réflexions créent une multiplicité d'images. Exemples : le multiscope (2 miroirs réunis par un côté), le kaléidoscope.
– Les miroirs courbes renvoient de l'objet une image déformée :

• concaves (en creux) ils donnent une image grossie (exemples : miroir de rasage, de maquillage);

• convexes (en bosse) ils donnent une image plus petite et servent à obtenir un champ de vision plus important (exemples : rétroviseur dit « panoramique », glace de surveillance dans les magasins, miroir d'angle de rue, lunettes « polarisantes »).

Il existe d'autres déformations : voir par exemple les miroirs déformants des foires, les miroirs cylindriques, pyramidaux en liaison avec les anamorphoses (images déformées).

Lieux de visite

– « Salon des mirages » au musée Grévin (Paris).
– « La Géode ».
– Cité des sciences et de l'industrie (Explora).
– Palais de la Découverte : salle d'optique.
– Les foires : avec glaces déformantes ou labyrinthe de glaces.

BIBLIOGRAPHIE

Albums

PALIN M., LEE A., SEYMOUR R., *La pierre de cristal,* Casterman.

ZATON J. et GABÁN J., *Les combattants de la lune,* Le Seuil.

Documentaires

BALTRUSAITIS J., *Anamorphoses. Les perspectives dépravées,* Flammarion.

BIRMINGHAM W., *M comme miroir,* Milan.

JONAS A., *Aller retour,* L'école des loisirs.

MOUVIER J.-P. et NEUVILLE C., *Jouets optiques,* Dessain et Tolra.

Voir aussi *Blanche-Neige* et *La reine des neiges* (Andersen) et les contes de la mythologie grecque : *Narcisse* et *Méduse et Persée.*

Reproductions de tableaux représentant la réflexion de la lumière dans l'eau : les peintres Conrad Witz ou Le Greco *(Saint André et Saint François).* La distorsion des figures manifeste l'intérêt des peintres pour les lois optiques (et les images formées par les miroirs convexes).

Les aimants

Objectifs

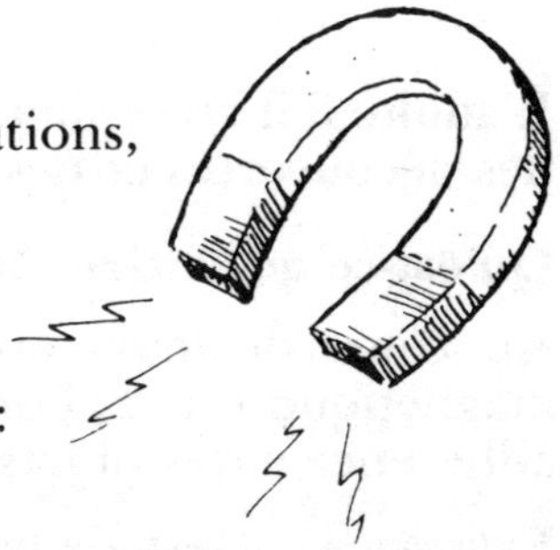

Permettre à l'enfant, à travers les manipulations, de découvrir les propriétés de l'aimant :

– l'attraction vis-à-vis de certains matériaux (ferreux);
– la force relative des aimants;
– le champ magnétique entourant l'aimant :
  • à distance,
  • à travers un matériau;
– la notion de pôles avec l'attraction et la répulsion entre aimants.

Situations de départ

Lorsqu'ils sont présentés aux enfants dans l'atelier d'expérimentation, les aimants existent déjà dans la classe, soit sous forme de lettres aimantées, soit comme moyen d'accrocher des documents sur une surface verticale (ferreuse).
Afin que l'exploration spontanée puisse permettre des comparaisons et des différenciations, il est nécessaire de diversifier les caractéristiques des apports : par leur taille, leur puissance, leur forme.
Il est intéressant aussi que des aimants identiques puissent s'apparier deux à deux pour permettre : des expériences entre des aimants de même force et taille, des jeux à règles où chaque joueur dispose de la même « arme » et puisse jouer simultanément.
Dans la classe et hors de celle-ci (dans la cour, la salle de jeux...) depuis l'élément de mobilier, jusqu'aux objets les plus hétéroclites, tout est prétexte à expérimentation.
A travers ses observations spontanées, l'enfant découvre par analogie avec l'utilisation habituelle sur le tableau magnétique, l'adhérence ou la non-adhérence des « punaises magnétiques » à différents supports. De même il observe que de petits objets s'accrochent et restent comme « collés » à celles-ci.
Parfois le hasard permet d'autres découvertes comme l'accrochage en chaîne de plusieurs objets ferreux... ou la réaction de répulsion

des aimants entre eux. Au cours des manipulations, des jeux se créent spontanément, que l'adulte aura soin de valoriser et d'organiser afin de favoriser la prise de conscience des phénomènes liés à l'aimantation.

Pistes de recherche

L'adulte fait vivre simultanément jeux et expérimentations à partir des découvertes et des préoccupations des enfants.

Qu'est-ce qui attire l'aimant?

Au cours de leurs investigations, le phénomène de l'attraction magnétique est d'abord perçu à travers l'adhérence ou la non-adhérence à des objets précis, concrets.

Expérience : il est demandé à chaque enfant de déposer dans un endroit désigné, soit l'objet, soit le dessin de l'objet auquel il a vérifié que l'aimant adhère (ensemble A), et de faire de même pour les objets auxquels l'aimant n'adhère pas (ensemble B). En grand groupe, les trouvailles sont vérifiées par tous.
• Chaque objet entre-t-il dans l'ensemble considéré?
• Tous les aimants de la classe sont-ils attirés par les objets de l'ensemble A?
• Y a-t-il un aimant qui attire un objet de l'ensemble B?
Les listes sont établies. Mais certains objets composés de plusieurs matériaux suscitent des contestations et des discussions amenant à construire une liste C d'objets intermédiaires, intersection de l'ensemble A et de l'ensemble B.
Exemples : la table aux pieds métalliques, la boîte de feutres au dessous métallique, les chaussures à crochets de Fabrice.
Après vérification, les découvertes sont représentées graphiquement et s'intègrent dans un tableau récapitulatif avec, par exemple, un codage conçu pour indiquer dans l'ensemble C les « endroits » de l'objet qui attirent l'aimant.

Évaluation possible
Sur une feuille sont dessinés des objets en fer ou non que les enfants ont rencontrés lors de leurs expérimentations.
Consigne : colorier les objets ou les parties d'objets qui sont attirés par l'aimant.
L'adulte demande aux enfants pour quelles raisons les aimants sont

attirés par certains objets et non par d'autres. Chaque hypothèse est soumise au groupe pour réflexion et vérification : ainsi les hypothèses concernant la forme, la taille, la couleur, l'usage seront progressivement éliminées : le concept de matière apparaît comme seul critère d'attraction de l'aimant.

Parallèlement, l'adulte organise des jeux de reconnaissance de matériaux courants : papier, polystyrène, bois, tissu, métal, plastique, cuir, minéraux, lors de jeux tactiles où il s'agit d'isoler des objets d'un matériau précisé auparavant, et cela en ne se servant que du toucher (objets cachés sous un drap).

Lorsque surgit l'hypothèse que l'aimant est attiré ou attire une matière, le maître amène les enfants à classer les matières selon leur pouvoir d'attraction ou non de l'aimant. Un tableau avec échantillons de matières permet de récapituler les découvertes, de les vérifier à chaque instant. Mais lors des investigations, des problèmes surgissent spontanément quant à la reconnaissance du matériau aimanté :

– lorsque le métal n'est pas discernable, qu'il soit recouvert d'une épaisse couche de peinture ou d'un autre revêtement amagnétique : bois, papier, plastique.

L'enseignant se sert des découvertes fortuites et facilement expérimentables, ou crée des situations comme celle-ci : Florence soutient que l'aimant est attiré par le « papier ». Étonnés, nous lui demandons de montrer sa découverte : en effet l'aimant adhère à l'affiche de papier placée sur le support métallique de l'armoire. L'adulte en propose le contrôle en détachant l'affiche de son support métallique, puis en la replaçant sur l'armoire ;

– lorsque l'objet métallique ne contient ni fer, ni cobalt ou nickel, mais a pourtant l'apparence du fer, par exemple la casserole en aluminium du coin cuisine. La fermeture à glissière de Pascal attire l'aimant, mais celle de Christophe qui paraît être en fer, elle aussi, ne l'attire pas. Cette aiguille métallique est soulevée par l'aimant et non celle-ci qui lui ressemble.

L'adulte aidera l'enfant à prendre conscience que tous les objets métalliques ne contiennent pas obligatoirement du fer. Pour cela, il enrichira le milieu en apportant des objets en différents métaux ou alliages courants : objets en fer, aluminium, étain, bronze, bijoux en or et argent...

La pêche

Objectifs : reconnaissance de matériaux ferreux.

Matériel :
– une ligne par joueur (un aimant suspendu à un fil).
– un lot d'objets divers (ferreux ou non) auxquels il est possible d'attribuer des valeurs.
But du jeu : capturer plus d'objets que les autres joueurs ou capturer des prises de valeur supérieure aux autres joueurs.
Règle du jeu : à partir d'un signal, les joueurs tentent simultanément d'attraper le plus d'objets possible.
Au cas où plusieurs joueurs s'emparent ensemble d'un même objet, celui-ci est remis en jeu.
Lorsqu'il n'y a plus d'objets « attrapables », le jeu s'arrête et les joueurs comparent leurs prises afin de déterminer le vainqueur. Si des valeurs sont attribuées aux objets (1 à 5), un échange entre l'objet et sa valeur en pions intervient avant la comparaison des différents lots de pions.

Variantes : même jeu, mais les objets sont mis dans une cuvette remplie d'eau.
Ou but inverse : se débarrasser le plus vite possible de tous ses objets dans un récipient commun.
Dans ce cas, chaque joueur possède au départ un lot d'objets identiques, ces objets sont ferreux et ronds pour présenter une surface de contact minimum avec l'aimant et pouvoir se détacher facilement de celui-ci (exemple : billes métalliques).

Les aimants ont-ils tous la même force?

Le jeu du Mikado aimanté suscite des expérimentations nécessitant un matériel évoluant en fonction des réponses des enfants.
L'adulte rend les enfants très vigilants quant à la tenue des aiguilles et à leurs gestes, comme dans l'utilisation du Mikado classique.
Objectifs :
– Structuration de l'espace : au-dessus, au-dessous, sur, sous, entre.
– Comparaisons d'ensembles : plus que, moins que.
– Prise de conscience du champ magnétique (distance d'approche de l'aimant aiguille).
– Tri entre aiguilles aimantables et non aimantables.
– Adresse.
Matériel :
• Un lot d'aiguilles à tricoter en différents matériaux.
• Un aimant différent par joueur (qui deviendra, suite à l'expérimentation, l'aimant que les joueurs se passeront à tour de rôle).

Préalable : faire trier parmi les aiguilles celles qui sont attirées par l'aimant et celles qui ne le sont pas.
But du jeu : capturer plus d'aiguilles que les autres joueurs ou une valeur d'aiguilles supérieure si l'on attribue aux aiguilles des valeurs différentes.
Déroulement : décider de l'ordre des joueurs. Grâce à son aimant chaque joueur essaie, à son tour, de capturer l'aiguille de son choix. S'il réussit sa prise sans faire bouger les autres éléments du jeu, il continue à jouer, sinon il passe son tour. Lorsque toutes les aiguilles ont été saisies, comparer les lots des différents joueurs afin de déterminer le gagnant. Si les aiguilles ont des valeurs, faire un échange entre chaque aiguille et sa valeur en pions. Comparer les lots de pions.

Constats

Au cours de l'ébauche de ce jeu de capture ainsi que de celle du jeu de « pêche », certains joueurs observent avec dépit que leur aimant n'a pas les mêmes performances que les aimants d'autres joueurs. Leur mécontentement se manifeste ouvertement.
Exemple : au cours du jeu de Mikado, Philippe relève un bout de l'aiguille à tricoter, mais quand il tente de la soulever celle-ci se décroche; il recommence plusieurs fois avec le même résultat.
L'aimant qui paraît le plus fort est vite repéré et quand son tour revient, Philippe l'emprunte à son possesseur.
L'emprunt, possible dans des jeux alternés, ne l'est plus dans le jeu de pêche (jeux simultanés) où les aimants plus puissants sont jalousement gardés par leurs heureux détenteurs. Les disputes éclatent et l'adulte propose alors de ne jouer qu'avec les aimants suffisamment forts pour pouvoir soulever tous les objets.
Après essais multiples, il sera établi la liste dessinée ou codée des aimants qui soulèvent tous les objets ferreux du jeu de pêche et celle des aimants qui permettent de capturer toutes les aiguilles du Mikado.
Ce ne sont pas obligatoirement des listes identiques, et des surprises sont possibles à propos de l'énorme aimant en U qui soulève une pièce d'acier très lourde, mais ne peut soulever certaines aiguilles.
Spontanément se crée entre les partenaires du jeu une émulation pour savoir lequel d'entre eux possède l'aimant le plus puissant. Chacun réussissant à soulever un objet qui lui semble lourd, lance un défi à la cantonade. Sera-t-il relevé? De la même façon, l'aimant le moins puissant peut-il aussi être découvert?

Expérimentation

Plusieurs expériences, correspondant aux questions que les enfants se posent, leur sont proposées pour déterminer les forces relatives des aimants entre eux et les hiérarchiser selon leur puissance.

Quel aimant soulève la charge la plus lourde?

Dans un récipient métallique, qui sera soulevé par l'aimant, l'enfant doit placer 1, puis 2, puis 3 objets...
Les enfants constatent que certains aimants ne soulèvent pas la boîte et que d'autres la soulèvent avec plusieurs objets à l'intérieur.
Ils dessinent et codent les résultats de chaque aimant.
Lors des jeux de capture, découvrir que l'aimant « attrape » l'objet avant de l'avoir touché ou que l'objet « saute » après l'aimant, entraîne l'interrogation suivante :

Quel aimant permet d'attraper un objet à la plus grande distance?
(l'objet est un trombone)

Très vite, dès les premiers essais, le besoin d'évaluer précisément les distances d'attraction des différents aimants apparaît. La solution choisie fera référence à une pratique d'éducation physique où chaque enfant évalue ses capacités à sauter loin et en contrebas, grâce à des traits de craie parallèles de différentes couleurs, tracés sur un tapis de réception.
Il est décidé de faire de même pour les aimants en utilisant des traits de couleurs sur des feuilles de papier.
Au départ, survalorisant les pouvoirs des aimants, les tracés de couleurs sont démesurément écartés, ni tout à fait droits, ni parallèles, puis progressivement l'échelle des écarts se réduit.

A ceux qui le veulent, l'adulte propose du papier quadrillé. Deux sortes d'échelonnage de traits sont dessinés.
– Une échelle mesure la hauteur du « saut » de l'objet : ressemblant à la toise qui nous permet de mesurer nos différentes tailles, elle est verticale, formée d'une feuille pliée en deux.
– L'autre mesure la longueur du « saut » de l'objet à partir d'un « plot » de départ.
L'enfant indique à l'aide d'un repère de couleur l'endroit précis où chaque aimant réussit à attirer le trombone. Une comparaison peut ainsi s'effectuer entre les différentes puissances d'attraction.

Au cours d'un jeu spontané, Christophe a été émerveillé par le constat suivant : la pile électrique cylindrique placée parallèlement à l'aimant ne glisse pas comme les autres objets, mais elle roule jusqu'à l'aimant et s'y agrippe. Il s'essaie à faire rouler la pile sans que celle-ci touche à son aimant. Il est bientôt imité et l'adulte valorisant ces défis permet que les règles d'un jeu s'élaborent.

Jeu « Chat-aimant »
Objectifs : prise de conscience des champs magnétiques : distance, force.
Matériel : un aimant, une pile électrique cylindrique, une distance matérialisée avec départ et arrivée sur une surface plane.
But du jeu : être le premier à faire parcourir une distance donnée à un cylindre métallique (ici, une pile) grâce à un aimant sans qu'il y ait de contact entre eux.
Déroulement : les jeux sont alternés, chacun est soit joueur, soit observateur et juge.
– Choix de l'ordre des joueurs.
– A son tour, chaque joueur met la pile (ou le cylindre) sur le plot de départ et, grâce au champ magnétique de l'aimant, essaie de lui faire parcourir la distance jusqu'à l'arrivée.
Si l'aimant entre en contact avec le cylindre, le jeu est annulé et le tour passe au joueur suivant.
Les partenaires de jeu tentent une variante avec une bille d'acier, le jeu devient trop difficile et est abandonné.
A la suite de ces expérimentations, les forces relatives des aimants étant mises en évidence, il n'est plus question de jouer aux jeux de capture avec n'importe quel aimant, ce qui engendre des disputes pour la possession des aimants les plus puissants.

Les règles des jeux évoluent en rapport :
– pour le jeu de pêche : des aimants identiques pour chaque joueur,
– pour le Mikado : un même aimant circule entre les mains des joueurs.

Quel aimant peut soulever la plus grande chaîne de billes?

Matériel : billes d'acier (récupération auprès d'un garagiste) de même diamètre (5 mm), différents aimants à tester.
Observant un jeu spontané, l'adulte propose d'imiter Delphine qui place sous chaque aimant la plus grande suite possible de billes.
Les billes présentent l'avantage d'avoir une surface de contact identique entre elles et avec l'aimant.
Chaque expérimentateur consigne les résultats obtenus avec chaque aimant en les dessinant.
Associant 2 aimants, Joan remarque qu'« ils sont plus forts que l'aimant tout seul », il dessine le résultat.
Faisant suite à cette dernière expérimentation, quelques-uns s'exercent non plus à essayer de créer une suite uniforme de billes, mais tentent d'utiliser tous les objets possibles. Ce qui s'était déjà produit fortuitement lors des jeux de pêche. En les combinant avec d'autres aimants, Alban construit différentes structures : un bulldozer, un avion, un papillon...
Les buts des jeux deviennent alors, soit de soulever le plus possible d'objets, soit de créer la même suite qu'Untel, soit de construire le mobile le plus grand possible.

La force de l'aimant peut-elle traverser des objets, des matériaux?

Expériences proposées :
– Que peut-on accrocher au tableau magnétique grâce à des aimants? Donner des matériaux variés et de différentes épaisseurs (papier, boîte en carton, plaquette de contreplaqué, couvercle en fer, en plastique, tissu...).
– Combien de feuilles de papier peux-tu accrocher ensemble au tableau magnétique?
– Sur quel support peux-tu accrocher ton dessin grâce aux aimants?
– Un aimant attire-t-il un objet à travers un matériau?
Donner des échantillons de différents matériaux en plaquettes : fer, bois, carton, plastique (transparent si possible), tissu, papier et un aimant plus un objet ferreux.
Même question mais en interposant deux matériaux.
Exemples : papier + verre, ou papier + bois.

La découverte du déplacement simultané de l'aimant et de l'objet métallique surgit spontanément au cours des manipulations ou au cours des jeux suivants :

Jeu « Ramasse-vite »
Objectifs : comparaison d'ensembles, structuration de l'espace, adresse, prise de conscience du champ magnétique à travers un matériau.
Matériel :
– une plaque de jeu amagnétique où sont dessinées 4 zones angulaires de couleurs différentes, une zone centrale neutre où seront déposés les objets;
– un aimant identique par joueur;
– un lot d'objets magnétisables;

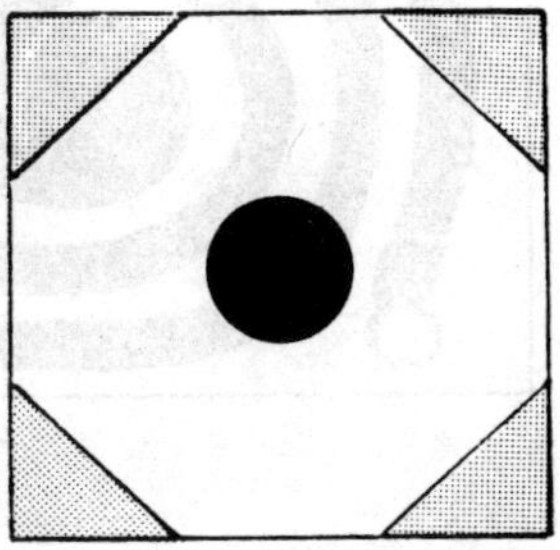

But du jeu : amasser dans son camp plus d'objets que les adversaires.
Déroulement (se joue à 2, 3 ou 4).
– Placer tous les objets dans la zone centrale.
– Au signal, les joueurs, simultanément, tentent d'attirer dans leur camp, à travers le support, et grâce à leur aimant le plus d'objets possible.
– Lorsque tous les objets sont capturés, les joueurs comparent leurs prises.

Variante : But du jeu : se débarrasser le premier de son lot d'objets dans la zone centrale. Au départ, chaque joueur dispose d'un lot identique d'objets.

Jeu « Le labyrinthe »
Objectifs : structuration de l'espace, utilisation du champ magnétique à travers un matériau, adresse.
Matériel : une plaque mince en matériau amagnétique (carton, bois, plastique) sur laquelle est posé ou dessiné un labyrinthe; un aimant qui sert à tour de rôle à chaque joueur; un objet en fer identique différencié pour chaque joueur par une pastille de couleur ou une couche de peinture : rondelle de fer, trombone, écrou...
Déroulement :
– Déterminer par tirage au sort l'ordre des différents joueurs.
– Chaque joueur, à son tour, déplace son pion vers ce qu'il pense

être la sortie du labyrinthe en utilisant son aimant sous la plaque pour diriger celui-ci. Tant qu'il ne chevauche pas un trait matérialisant les murs du labyrinthe, il poursuit son cheminement. Les autres joueurs l'arrêtent dès que son pion empiète et déborde sur le tracé du labyrinthe et le joueur passe son tour, le pion reste à cet endroit jusqu'au jeu suivant.
Le premier joueur à franchir la case d'arrivée arrête le jeu.

Est-ce que les aimants peuvent adhérer l'un à l'autre dans toutes les positions ?

L'adulte favorise les manipulations avec 2 aimants dont les pôles sont nettement différenciés, soit par leur revêtement, soit par le collage de gommettes de différentes couleurs. Les punaises magnétiques présentant 2 faces nettement différentes sont d'un emploi très pratique pour ces observations, ce qui n'exclut pas l'utilisation d'autres sortes d'aimants et notamment des aimants dépouillés de leurs différents habillages.

Dans un jeu spontané, Jérôme essaie de rattraper son aimant lancé à la volée grâce à un autre et remarque qu'ils *« s'attachent toujours pareil »* et Sandrine, bientôt imitée, constate qu'elle ressent *« comme quelque chose entre les aimants »*.

Par l'observation, l'enfant prend conscience de la difficulté à désolidariser 2 aimants ou à les placer dans une position précise. Nathalie découvre que lorsqu'elle place une punaise magnétique perpendiculairement à l'autre, celle-ci, d'elle-même, exécute une rotation pour toujours se retrouver dans la même position.

Jeux variantes du labyrinthe ou du ramasse-vite

« Labyrinthe » : le but est le même mais avec 2 aimants :

- l'un sur le support et l'autre au-dessous, en jouant soit sur leur attraction, soit sur leur répulsion ;
- les 2 aimants sur le support, en jouant sur la répulsion.

L'aimant qui joue le rôle du pion ne doit pas passer sur les tracés, alors que l'aimant tenu par le manipulateur peut adopter toute position, y compris déborder sur les tracés.

« Ramasse-vite » : matériel : objets amagnétiques (rondelles caoutchouc, chevilles plastiques...), 2 aimants.

Dans cette variante, les joueurs déplacent les objets amagnétiques grâce à l'action de répulsion ou d'attraction des aimants entre eux. Les 2 aimants peuvent être manipulés sur la plaque ou de chaque côté de celle-ci.

« Débarrassez-moi de ces bestioles »

Adapté du jeu : « Débarrassez-moi de ces souris », jeu pratiqué et très apprécié des enfants en éducation physique.

Objectifs : comparaison d'ensembles, notion de frontière, adresse. Utilisation de l'attraction, de la répulsion entre 2 aimants.

Matériel : – un sablier ou boîte à musique ;

– de petits objets magnétiques (rondelles caoutchouc, chevilles...) ou petites figurines d'animaux en plastique ;

– un aimant identique par joueur ;

– une plaque amagnétique où sont dessinés 2 camps de dimension identique séparés par une frontière.

But du jeu : avoir le moins de « bestioles » dans son camp.

Déroulement : les joueurs se partagent les « bestioles » en 2 lots semblables et les placent dans leur camp.

– Au signal, retournement du sablier ou début du concert boîte à musique, chaque joueur se débarrasse de ses objets dans le camp adverse à l'aide de ses 2 aimants soit dessus (répulsion), soit un dessus et l'autre dessous (répulsion ou attraction).

– Une fois le temps écoulé – sable ou arrêt de la mélodie – les joueurs arrêtent leurs déplacements et comparent leurs différents lots d'animaux ou d'objets. Celui qui en a le moins est déclaré vainqueur.

Variantes :

– Peut se jouer à 4, 2 par camp.

– But du jeu inverse : avoir amené le plus grand nombre d'animaux dans son territoire à l'instant X.

QUELQUES DONNÉES POUR L'ENSEIGNANT

L'aimant est une substance qui a acquis la propriété d'attirer le fer par l'intermédiaire d'un champ magnétique.
Dans le fer non aimanté, les groupes d'atomes sont disposés au hasard et se neutralisent. Lorsque le fer est aimanté, ses atomes s'alignent selon la direction des lignes de force du champ et se conduisent chacun comme un aimant. La terre se comporte comme un aimant gigantesque dont les pôles magnétiques se trouvent près des pôles Nord et Sud.

Origine

L'aimant se rencontre à l'état naturel principalement sous la forme du minerai de fer appelé magnétite, du fait de sa découverte par Thalès près de la cité grecque de Magnésie. Parfois des débris de météorites possèdent cette propriété. Un aimant artificiel est fabriqué à partir du contact ou du frottement prolongé d'un corps aimanté sur une barre de fer ou d'acier depuis le milieu de celle-ci jusqu'aux extrémités et toujours dans le même sens.

Propriétés de l'aimant

– L'aimant n'attire ou n'est attiré que par les matériaux contenant principalement du fer, du nickel ou du cobalt.
– Un aimant suspendu tourne sur lui-même jusqu'à ce qu'il s'oriente dans l'axe magnétique de la terre (nord-sud). Le pôle qui indique le nord s'appelle pôle Nord (pôle +), celui qui indique le sud pôle Sud (pôle –); cette propriété est appliquée dans la boussole.
– 2 pôles opposés s'attirent. 2 pôles identiques se repoussent.
– Un champ magnétique entoure l'aimant. Les lignes de force s'étendent en courbe entre 2 points proches des extrémités des pôles.
– La puissance d'un aimant est proportionnelle à sa masse.
– Les forces des aimants s'ajoutent.
– Le champ magnétique traverse les différents matériaux.

Utilisation des aimants permanents

Dans la vie quotidienne, les aimants sont appréciés pour :
– ramasser des objets ferreux : boules de pétanque, épingles, trombones, clous;
– maintenir une cohésion entre 2 éléments, exemple : fermeture des portes de meubles;
– accrocher des objets sur un support vertical ferreux, exemples : portemanteaux, documents sur tableau magnétique, formes décoratives, lettres magnétiques, éléments de puzzle pour mosaïque murale;
– s'orienter : la boussole;
– différents appareillages électriques.

BIBLIOGRAPHIE

ARDLEY N. et CARLIER F., *Explore le magnétisme,* Gamma.
BLANC J.-C., *Des aimants, pour quoi faire?,* Nathan.

Énergie et équilibre

La catapulte

Objectifs

Notion de trajectoire en fonction de :
- la vitesse d'impulsion,
- la distance entre le projectile et l'axe de rotation,
- la hauteur du pivot.

Situations de départ

Parmi les jeux de vertige que les enfants rencontrent dans un parc, les balançoires les attirent particulièrement et notamment celles qui permettent de jouer à 2 : les tapeculs.
Regroupant ses élèves, l'enseignant provoque une discussion collective où peuvent s'exprimer sensations, émotions et observations suscitées par ces jeux. S'agissant de la bascule, quelques-uns se sont aperçus qu'un enfant peut :
- maintenir son partenaire en l'air, alors que l'inverse reste impossible;
- le faire « décoller » lorsqu'il est en l'air...

Pistes de recherche

L'intérêt suscité par ces bascules motive la construction occasionnelle de catapultes pour jouer à faire « sauter » ou voler des objets ou de balances pour créer des équilibres et peser différents éléments.
Les catapultes sont construites à partir du matériel dont on dispose : lattes, planchettes, règles de différentes dimensions pour les fléaux, tasseaux carrés, rectangulaires, demi-ronds de différentes hauteurs pour les pivots; et comme projectiles, des objets légers afin de ne pas causer de dégâts : capsules plastiques, cônes en carton, pièces de construction en plastique...

Au cours de la recherche individuelle, chacun essaie de placer fléau, pivot et projectile et choisit de donner une impulsion d'un côté ou de l'autre de la bascule. La réussite d'un envol mobilise l'attention. Certains tentent de reproduire la situation, tandis que d'autres réclament l'aide et les explications du responsable de l'exploit.
Après ce moment d'exploration, suffisamment long pour qu'une majorité d'enfants réalise son projet, et avant que l'intérêt ne s'émousse, l'adulte propose plusieurs situations de recherche guidée et un jeu, « la catapulte ».

Expérimentation

Les situations sont choisies en fonction des questions que les enfants se sont posées plus ou moins explicitement à travers leurs tâtonnements. Elles peuvent être organisées simultanément sous forme d'ateliers. Les groupes d'enfants effectuent une rotation sur une ou plusieurs séances.
Ces situations concernent les choix :
– de la position du projectile sur le fléau;
– de celle de l'articulation, ou point de contact entre le pivot et le fléau;
– de la taille du fléau;
– de la nature du pivot.

Où placer le projectile?

Matériel :
– une latte sur laquelle sont dessinées :
• 4 positions matérialisées par une zone de couleur différente;
• le tracé correspondant à l'articulation avec le pivot;
– un pivot : tasseau rond de 2 cm de diamètre;
– un projectile : capsule en plastique;
– une fiche représentant la bascule et les zones colorées.

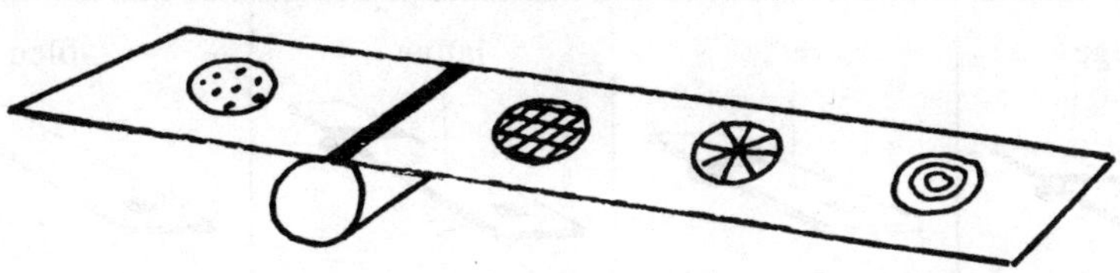

La consigne donnée au groupe d'enfants est de placer successivement le projectile sur chaque zone et d'observer si une position permet un envol plus remarquable. Lorsque tous les participants sont du même avis, ils entourent sur la fiche la zone correspondante.

Où placer le pivot de la bascule ?

Matériel :

– une latte sur laquelle sont coloriés :

• des tracés de couleurs différentes matérialisant différents points d'articulation entre le pivot et le fléau ;

• la zone où placer le projectile ;

– un projectile (capsule) ;

– une fiche où apparaissent les couleurs des tracés d'articulation.

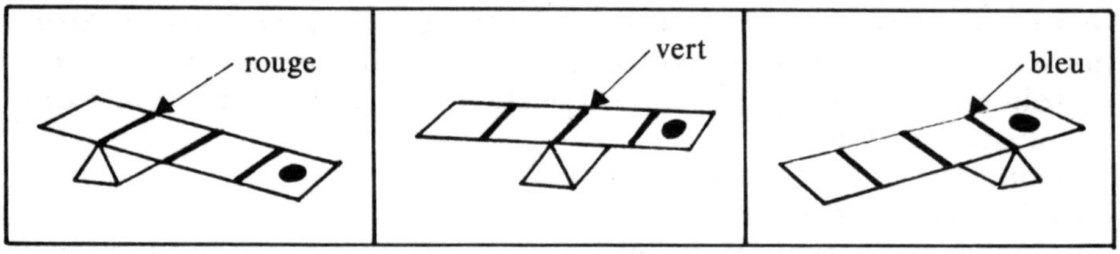

Après avoir testé les différentes positions d'articulation, les enfants notent sur la fiche la situation qui leur apparaît la plus efficace.

Quelle planche permet le plus grand envol ?

Matériel :

– 4 lattes de longueurs et de couleurs différentes où sont dessinés :

• l'endroit de bascule dont le tracé est toujours à la même distance d'une des extrémités ;

• la zone où placer le projectile ;

– un pivot : tasseau rond (2 cm de diamètre ou gros stylo-feutre) ;

– une fiche reproduisant les tailles des lattes et leurs couleurs.

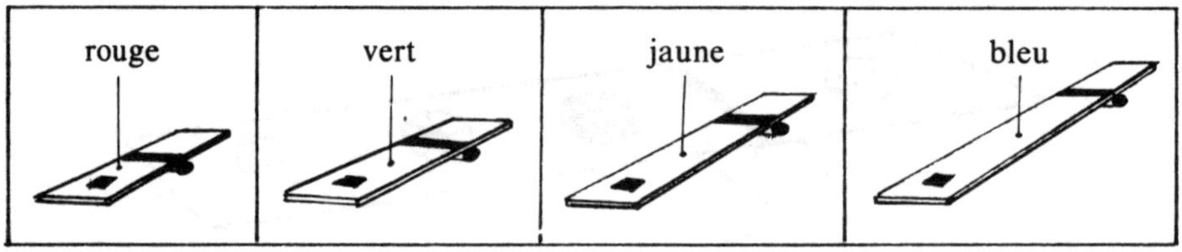

Après leurs essais, la case correspondant à la planche la plus performante est consignée sur la fiche.

Quel pivot permet la plus grande trajectoire?

Matériel :

– une latte où sont reportés :
- la zone où placer le projectile,
- le tracé correspondant au lieu d'articulation;

– 3 pivots de section cylindrique mais de diamètres différents;
– une fiche représentant les 3 sortes de pivots.

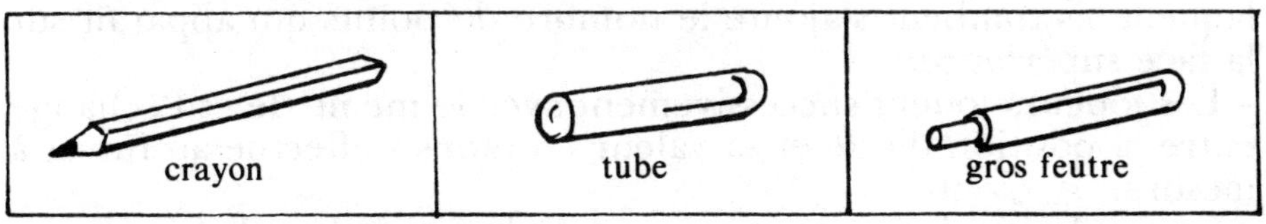

Les enfants essaient les 3 tailles de support et colorient sur la fiche celui qui permet la plus grande trajectoire.
Faisant suite à ces « expérimentations », on confronte collectivement les résultats.
Les notions de positionnement de la catapulte en fonction d'une trajectoire ou de masse des projectiles surgiront de façon plus ou moins intuitive dans le jeu « la catapulte ».

Jeu

La catapulte : se joue à 2, 3 ou 4

Matériel :

– une cible sur laquelle peuvent être matérialisées différentes zones, possédant des valeurs différentes (exemple : boîte dans laquelle sont encastrées des boîtes plus petites).
– Pour chaque joueur :
- une latte d'environ 25 cm/5 cm;
- un stylo-feutre cylindrique ou un crayon;
- un nombre identique de projectiles identifiables par leur couleur (exemple : capsules de plastique peintes).

Déroulement

– La cible est placée au centre de la zone de jeu; les joueurs se répartissent autour.
– A un signal, chaque joueur installe sa catapulte et tente de placer le plus de projectiles possibles dans la cible.
– Lorsqu'un joueur a placé tous ses projectiles dans la cible, il arrête le jeu et chaque joueur comptabilise le nombre de projectiles qu'il a placé dans la cible.

Si la cible comporte des zones de valeurs différentes, chacun échange devant les autres joueurs ses projectiles contre leur valeur en pions en fonction de leur position. La comparaison terme à terme des différents lots de pions permet de déterminer l'ordre des gagnants.

Variantes

« Les dés-projectiles »

– Les dés deviennent projectiles, et à la valeur de la zone dans laquelle ils tombent s'ajoute le nombre de points qui apparaît sur la face supérieure.

– Les joueurs jouent successivement avec le même dé et l'échange entre la position du dé et sa valeur en pions s'effectue au fur et à mesure.

– En fin de jeu, les joueurs comparent leur nombre de pions.

« La tour prend garde »

La cible devient une structure de pièces placées en équilibre.

Les joueurs catapultent leurs projectiles successivement.

– Les pièces tombées au sol appartiennent à celui qui les a déséquilibrées.

– Les pièces servant de support de structures ne pouvant tomber, elles reviennent à celui qui les touche avec un projectile.

– Lorsqu'il ne reste plus de pièces, chaque joueur compare ses prises à celle des autres. Celui qui en possède le plus est déclaré vainqueur.

QUELQUES DONNÉES POUR L'ENSEIGNANT

Le tapecul ou balançoire à bascule est constitué d'une barre rigide mobile autour d'un point d'appui, dont les extrémités sont symétriques par rapport à ce point. Un tapecul peut être assimilé à une catapulte.

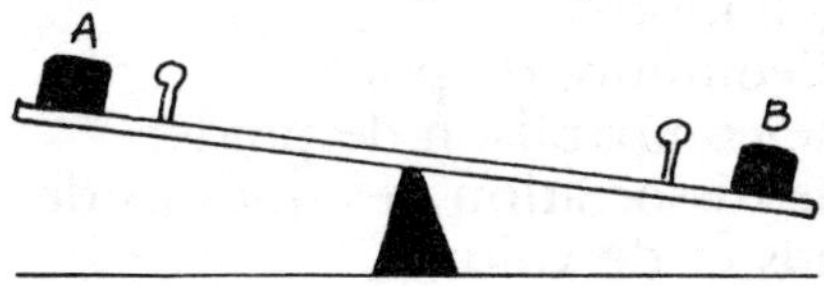

Principes de fonctionnement

– Si on appuie doucement sur une bascule en A, l'objet B monte doucement et reste collé au fléau.
– Si on donne une certaine vitesse en A, l'objet B entraîné par le fléau acquiert la même vitesse.
Lorsque le fléau s'arrête brusquement en touchant le sol, l'objet B, lui, n'est pas freiné et continue sa course.
– Sa course sera fonction de sa vitesse initiale et de sa masse.
– Sa trajectoire de départ sera perpendiculaire à la face sur laquelle il repose au moment de l'arrêt brusque. C'est pourquoi la hauteur du pivot, agissant sur la position finale du fléau, influence la trajectoire du projectile.
– Dans le cas du tapecul, où les deux bras du fléau sont symétriques par rapport au pivot central, les vitesses obtenues à chaque extrémité sont identiques.
Si les longueurs de bras sont inégales, la vitesse augmente proportionnellement à l'éloignement du point d'appui.
En effet, lorsqu'il y a rotation autour d'un axe, plus un point est éloigné de celui-ci, plus il est entraîné à parcourir une distance plus grande dans le même temps et donc à acquérir une vitesse supérieure.
C'est ce principe des différences de vitesses circonférentielles qui occasionne un danger pour l'élément le plus extérieur dans les « chaînes » que les enfants créent.
En conséquence, la distance du projectile à l'axe de rotation influe directement sur sa vitesse et sa trajectoire.

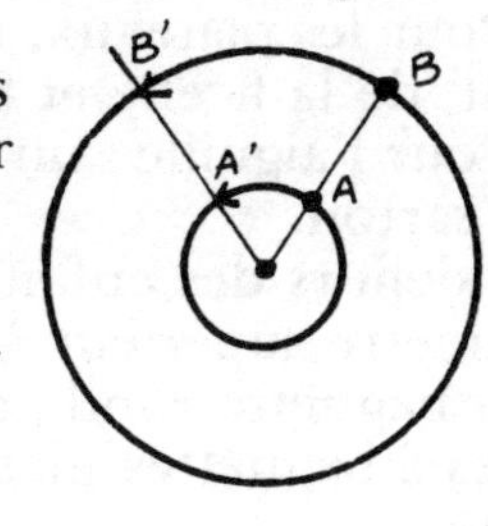

La balance

Objectifs

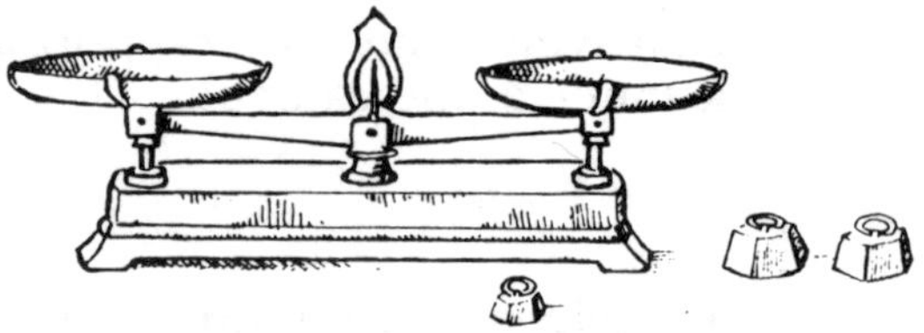

Permettre à l'enfant d'approcher des notions :
- d'équilibre de poids;
- de comparaison de poids;
- de dissociation des notions de poids et de volume.

Situation de départ

En automne, le « coin épicerie » s'enrichit des fruits secs récoltés au cours de diverses sorties en forêt ou dans les parcs : marrons, châtaignes, glands, samares ailées, faines...
L'apport de ces produits nouveaux entraîne un regain d'intérêt pour les pesées et l'unique balance (de type Roberval) de la classe ne suffit plus.

Pistes de recherche

Pour remédier à cette situation, l'adulte propose alors la construction de balances à plateaux suspendus en apportant un modèle déjà construit.
Matériel :
- Pour le support, il suffit d'une bouteille plastique remplie de sable dans laquelle est plantée une baguette dépassant de 10 cm.
- Pour le fléau, 2 baguettes plates d'une trentaine de cm et 3 tiges filetées de 3 cm, munies de leurs écrous.
- Pour les plateaux, il suffit de récupérer 2 pots en plastique résistant, de la ficelle et 8 crochets ou anneaux ouverts.
- Pour l'aiguille : un long et étroit triangle isocèle en plastique ou en carton.

En dehors des enfants, l'adulte perce ou fait percer un trou d'un diamètre supérieur à celui des tiges filetées dans :
- la baguette ronde du support à 2 cm de son extrémité,
- les 2 baguettes plates en leur centre et à 2 cm de chaque extrémité,
- les 2 pots en 3 endroits équidistants.

L'adulte demande à chaque groupe d'enfants de reconnaître et de mettre en relation les éléments déposés devant eux avec ceux identiques de la maquette. Il permet au groupe de s'organiser et d'opérer des choix de montage.

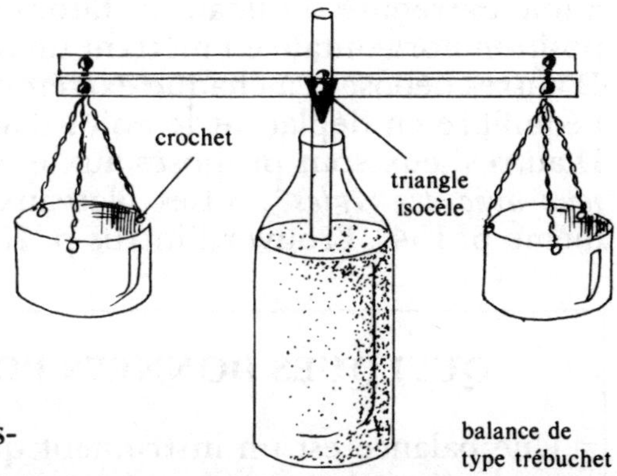

Des difficultés ne manquent pas de surgir, qu'elles soient d'ordre manipulatoire (exemple : faire des nœuds), d'ordre conceptuel : comprendre l'ordre d'un montage, définir la taille des liens de chaque plateau, ou d'ordre relationnel.
L'adulte, à l'écoute de ces problèmes, permet leur dépassement, soit par une aide matérielle, soit par un questionnement ou l'accompagnement dans une observation plus méthodique de la maquette et même de son démontage si nécessaire.

Expérimentation

Lorsque les balances sont montées, elles occasionnent, hormis des jeux spontanés, l'intérêt pour des exercices dirigés ; à l'aide de l'une ou l'autre balance (de type Roberval ou trébuchet), chacun choisit de peser un objet en essayant de rééquilibrer la balance et en mettant l'aiguille en face de son repère.
Quand l'équilibre est atteint, l'enfant dessine le résultat sur une fiche, et l'adulte l'aide à rédiger la légende.
Des fiches de pesées sont ainsi établies qui pourront être relues et vérifiées par d'autres enfants à un autre moment.

4 marrons = voiture rouge

En parallèle avec des jeux d'équilibre corporels autour du principe de la bascule, l'enseignant favorise des recherches similaires à partir d'une règle ou d'une latte de bois reposant sur un support cylindrique (exemple : un stylo-feutre, un tube...).
Les démarches sont différentes selon les enfants : par analogie avec

la situation de la salle de jeux, certains recherchent d'abord le point d'articulation permettant l'équilibre de la règle seule. Puis, après avoir rompu l'équilibre en déposant un objet léger (capsule, jeton...) à une extrémité du fléau, ils tâtonnent pour lui faire retrouver la position horizontale en mettant un objet identique sur l'autre bras. D'autres déposent à chaque extrémité un objet et essaient d'établir l'équilibre en déplaçant le point d'articulation.
D'autres jeux sont proposés aux enfants : voir *A la maternelle : des jeux avec des règles* [1], « Les plateaux de la balance » : Trouver le même p. 154, Trouver l'intrus p. 155.

QUELQUES DONNÉES POUR L'ENSEIGNANT

Une balance est un instrument qui permet de déterminer le poids d'un corps par comparaison avec une référence.
La balance de type Roberval et la balance à plateaux suspendus sont construites à partir d'un fléau, barre rigide symétrique par rapport à un couteau central dont l'arête leur permet l'oscillation. Deux plateaux horizontaux servant à recevoir les corps à peser sont disposés à chaque extrémité du fléau, soit suspendus (trébuchet), soit maintenus au-dessus par l'intermédiaire de tiges verticales (balance Roberval).
Une aiguille solidaire du milieu du fléau se déplace devant une graduation et permet, soit de rééquilibrer les plateaux, soit de prendre des repères.

Principe : en position d'équilibre, le fléau de la balance se place horizontalement et l'aiguille s'arrête devant un repère précis.
– Les bras du fléau étant égaux, des poids identiques placés dans chacun des plateaux permettent de recréer l'équilibre.
– Les qualités d'une balance sont : la justesse, dépendant de l'égalité des bras du fléau, la fidélité ou le fait de donner les mêmes indications lorsque les mêmes corps se trouvent sur les mêmes plateaux et la sensibilité, soit la capacité à réagir à une faible charge.

1. Par Denise Chauvel et Viviane Michel, Retz, 1984.

Les plans inclinés

Objectifs

Permettre à l'enfant d'approcher les notions d'accélération, de relation entre vitesse de l'objet et distance parcourue et de résistance au déplacement.

Situations de départ

Une activité corporelle

Après plusieurs séances de patins à roulettes, l'adulte observe que certains enfants éprouvent des difficultés à glisser et se sécurisent en marchant, ou même en courant avec leurs patins.
Visant à leur faire vivre des situations de glisse, il installe, entre autres, un plan incliné.
Cet atelier attire tous les enfants, même les plus timorés qui passent sur cette pente dans la position accroupie! Comme avec tous les toboggans, le plan incliné leur procure la sensation de mouvement alors qu'ils sont « passifs », celle d'être livrés à une force : la pesanteur. Une fois que l'enfant a senti comment placer ses patins parallèlement et s'équilibrer dans la descente, le maître lui demande de glisser le plus longtemps et le plus loin possible en se laissant faire.
Un concours de distance s'organise que l'adulte encourage en matérialisant les distances parcourues par des tracés de craies de couleurs différentes. Chacun apprécie la distance qu'il a parcourue. Puis l'enseignant fait varier la longueur du plan incliné, son revêtement (en le recouvrant d'une natte en caoutchouc), ou encore l'inclinaison.

Les enfants vivent, à travers leurs sensations corporelles, les différences occasionnées par chaque nouvelle situation. Plus tard, à la demande de l'adulte, ils expriment leurs impressions : ils retiennent principalement les perceptions d'accélération sur le plan le plus long et de différence de vitesse due aux variations d'inclinaison, ou au changement de revêtement.

Exploitations

Objets qui roulent, qui glissent

En classe, le maître propose de reprendre ces jeux de glisse avec des objets qui roulent, qui glissent.
– Les plans inclinés sont des livres, des planches plus ou moins larges, longues, des morceaux de gouttières en PVC.
– Les mobiles, des autos miniatures, des balles de différentes tailles, de différents poids, des billes, des cylindres (tubes, crayons-feutres, rouleaux...).
Les supports sont détournés de leur utilisation habituelle : boîtes, cubes, matériel de construction, morceaux de tasseaux...
Afin de faciliter le passage d'un plan à l'autre et d'éviter le choc résultant de leur discontinuité, l'adulte fournit des revêtements souples et lisses : cartoline, plastique (set de table),...
Sur ces plans inclinés, avec des autos miniatures, des concours de distances s'organisent, comme dans la salle de jeux. Spontanément les joueurs recherchent parmi le lot de voitures celle qui leur permet la meilleure performance.
La lecture de l'album *Les trucs anti-traque* (voir bibliographie) donne l'idée à Joan de combiner 2 plans à inclinaison inverse, comme ceux des démonstrations acrobatiques de planches à roulettes : le but du jeu est de faire franchir le plan ascendant à son véhicule.

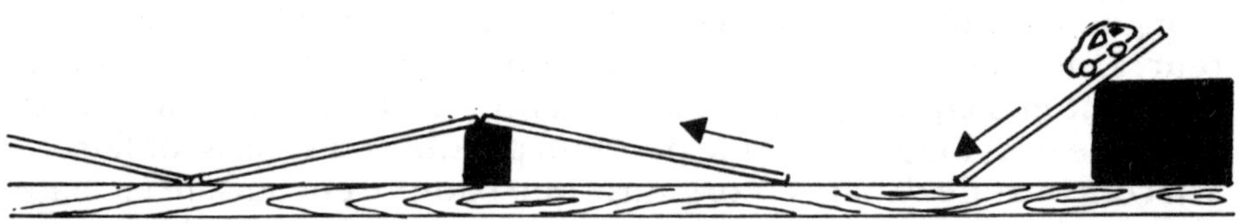

D'autres enfants reprennent cette idée et s'essaient à créer des parcours où se succèdent les plans inclinés descendants et ascendants. L'adulte en profite pour les inviter à construire le plus long parcours possible : la classe ne suffit plus et des équipes investissent les couloirs de l'école. D'autre part, l'enseignant, souhaitant que les enfants multiplient les expériences, apporte un nouveau matériel : une variété de mobiles, d'inclinaisons, de plans et de revêtements de surfaces de roulement (plan incliné ou horizontal). Puis, il donne la consigne de rechercher d'autres mobiles que les autos miniatures.
Les enfants constatent combien il est difficile d'orienter une tra-

jectoire sur un plan étroit et que l'emploi de gouttières est approprié pour les objets sphériques. L'utilisation de ces gouttières donne lieu à des jeux d'adresse où il s'agit de rattraper avant leur chute, ou après leur premier rebond, balles ou billes.
A ce jeu, les joueurs réalisent vite que la vitesse de l'engin est en relation directe avec l'inclinaison de la gouttière.
Des jeux naissent de la combinaison de plusieurs mobiles. Benoît utilise son auto miniature sur un plan incliné pour venir heurter une bille et la propulser le plus loin possible, il est imité. L'adulte valorise ce jeu et ultérieurement l'adapte au principe d'un jeu traditionnel apprécié des enfants : « Les balles brûlantes. »

Jeu

« Les billes brûlantes »
Se joue à 2 ou 4 (2 équipes de 2 joueurs)
Objectifs
– Notion de transmission d'énergie.
– Orientation du mobile en fonction d'une trajectoire.
– Placement du mobile sur le plan incliné en fonction de la distance à parcourir.
– Notion de frontières : intérieur/extérieur.
– Comparaison de collections.
– Notion de durée (écoulement du sablier).
Matériel :
– un morceau de moquette (environ 1 m 50/80 cm) sur lequel est matérialisée une ligne médiane dans le sens de la largeur;
– une dizaine de billes;
– un sablier;
– une auto miniature par joueur;
et pour chaque joueur (ou équipe de 2 joueurs) :
– un plan incliné formé par une planche de 40 cm/40 cm;
– un set plastique permettant le passage en douceur d'un plan à l'autre;
– un support identique choisi de façon à ce que chaque véhicule puisse atteindre et légèrement dépasser la ligne médiane.
But du jeu : avoir le moins de billes possible.
Déroulement
– Chaque plan incliné est placé symétriquement de part et d'autre de la ligne médiane, à distance égale.
– Les billes sont placées en contact avec la ligne médiane.

– Au retournement du sablier chaque joueur (ou équipe) projette, à l'aide de son véhicule, les billes dans le camp adverse.
– A la fin de l'écoulement du sablier, les joueurs s'arrêtent et comparent le nombre de billes restées dans chaque camp.
– Le joueur ou l'équipe qui en compte le moins a gagné.

Remarque : avant d'aboutir à cette forme de jeu « figée », les règles ont évolué peu à peu, à cause des difficultés rencontrées par les joueurs, comme celle de décider des dimensions respectives de chaque camp ou de l'inclinaison des plans.

Expérimentation

Aussi, simultanément à ces jeux, l'adulte favorise les prises de conscience par la pratique d'exercices systématiques, comparant les effets produits en fonction des différentes inclinaisons de plan, de la surface des revêtements, de la longueur des plans inclinés, ou de la qualité des mobiles.

Quelle hauteur permet au véhicule de rouler le plus loin?

Matériel :
– une auto miniature;
– une planche;
– trois tailles de support nettement différentes;
– une surface de roulement horizontale lisse;
– un lot de pions servant de repères de fin de course.
Consigne
Après avoir essayé plusieurs fois les différents supports, entourer sur la fiche celui qui permet au véhicule d'aller le plus loin. Barrer celui qui permet d'aller le moins loin.

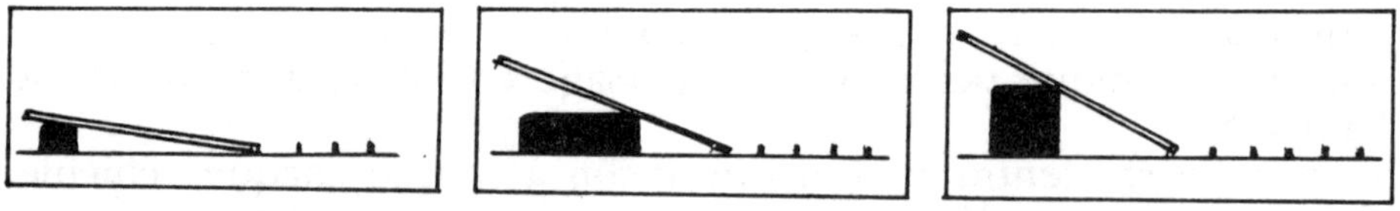

Quel revêtement permet de franchir le plus long parcours?

Matériel :
– une auto miniature;
– une planche avec un support;

– trois revêtements différents par leur coefficient d'adhérence (exemple : cartoline, moquette et tissu-éponge);
– un lot de pions servant de repères de fin de course.

Consigne : essayer plusieurs fois tous les revêtements, entourer sur la fiche le revêtement qui permet le plus long trajet et barrer celui qui permet le plus court trajet.

Le revêtement se reconnaît à un code élaboré en commun :

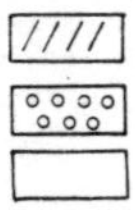

pour l'éponge
pour la moquette
aucun tracé pour la cartoline

Où faut-il placer le véhicule pour qu'il aille le plus loin possible, le moins loin possible?

Matériel :

– un plan incliné long (environ 50 cm) sur lequel sont matérialisées 3 zones situées à différentes distances de la partie basse du plan;
– un support;
– un véhicule;
– une zone de roulement avec repères;
– un lot de pions permettant de noter les repères de fin de course.

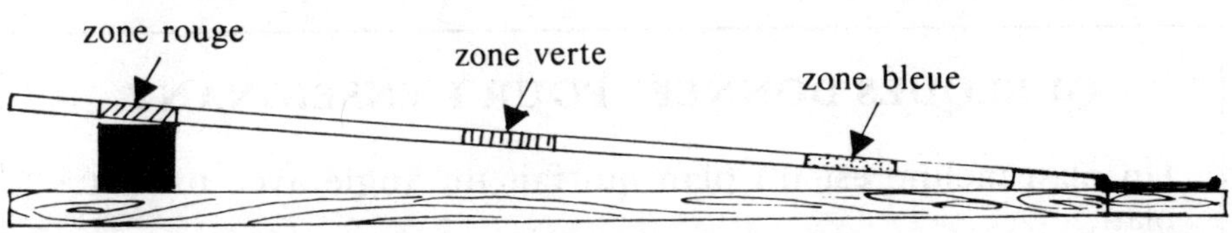

Consigne : après avoir testé les 3 zones de départ avec le même véhicule, entourer celle qui permet le plus grand trajet et barrer celle qui permet le plus court trajet.

Quel mobile permet le plus grand parcours?

Matériel :

– objets sphériques : balles de ping-pong et billes d'acier ou balles de tennis et boules de pétanque;
– objets cylindriques : tube plus ou moins lesté;
– camion-benne miniature pouvant recevoir la charge d'une dizaine de billes d'acier;
– un plan incliné (longueur et hauteur constante);
– un plan horizontal lisse;
– des pions permettant de prendre des repères.

Consigne : entre 2 objets de poids différents, trouver celui qui parcourt la plus grande distance.
Exemples : camion vide et camion plein de billes d'acier, boules de pétanque ou balles de tennis.

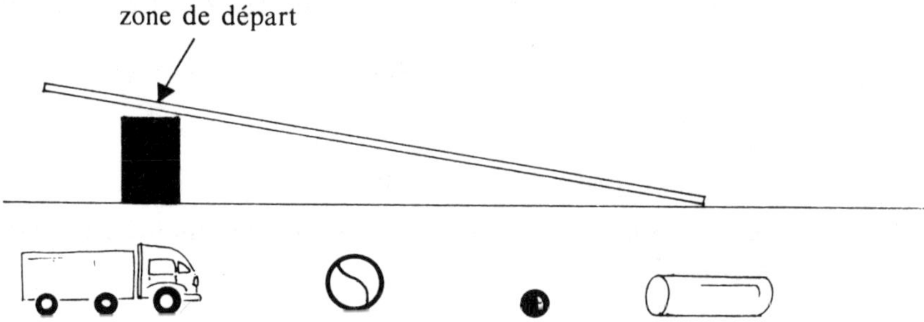

Approfondissements possibles

Comment faire remonter un plan incliné à un véhicule autrement qu'en profitant de la vitesse occasionnée par la descente d'une autre pente : s'orienter vers les systèmes de traction comme les treuils, les poulies avec contrepoids.

QUELQUES DONNÉES POUR L'ENSEIGNANT

Un plan incliné est un plan qui fait un angle avec un autre plan.
Un mobile descend sur un plan incliné car il est attiré vers le centre de la terre par l'action de la pesanteur. Cette attraction entraîne le déplacement de l'objet suivant une vitesse croissante depuis son point de départ. Lorsque l'accélération du mobile devient égale à celle de la pesanteur (9,81 m/sec.), sa vitesse devient constante.
La vitesse d'un mobile, en sortie de plan incliné, est fonction de la hauteur du dénivelé existant entre le point de départ du mobile et le point de sortie du plan.

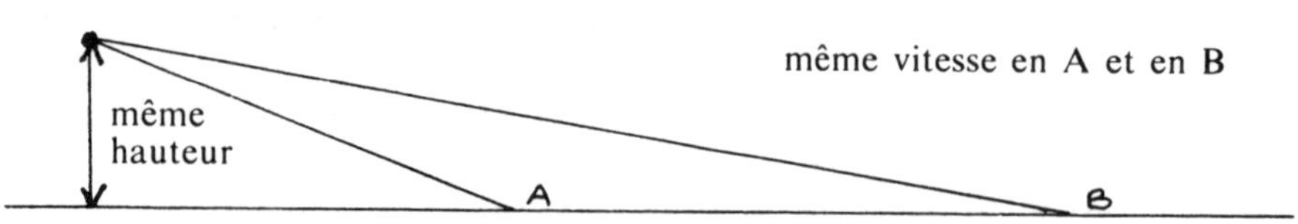

Ainsi dans le cas :
– de plans inclinés de même longueur, la vitesse augmente en fonction de l'inclinaison du plan ;
– de plans inclinés de longueurs différentes mais de dénivelés identiques entre point de départ et point d'arrivée, la vitesse sera la même si l'on ne tient pas compte des pertes dues aux frottements.

La distance parcourue après la sortie du plan incliné dépend de :
– la vitesse en sortie de pente ;
– la masse de l'objet : plus l'objet est lourd, plus il stocke d'énergie cinétique. Pour s'en apercevoir lors d'une expérimentation, il faut que les écarts de masse entre les objets soient significatifs.
Ainsi, sur un carrelage une bille parcourt une plus grande distance qu'une balle de ping-pong ;
– la résistance à l'avancement et au roulement sur des surfaces dont les coefficients de frottement sont différents (exemple : carrelage, moquette).
Parfois les plans inclinés sont utilisés comme machines simples pour « faciliter la montée des corps lourds » ou ralentir leur descente grâce à l'utilisation de contrepoids.

Les empilements

Objectifs

Permettre à l'enfant d'approcher intuitivement les notions d'équilibre :
– position du centre de gravité d'une pièce;
– influence de la surface de contact entre les pièces;
– positionnement d'une pièce par rapport au polygone de sustentation de la construction (base).

Situations de départ

Les empilements de pièces, les constructions de tours ou d'édifices, avec les recherches d'équilibre qu'ils sous-tendent, sont des jeux que le maître observe dès la petite section, et qu'il peut utiliser pour favoriser des prises de conscience à travers lesquelles la quête de la hauteur reste le défi majeur que les enfants se donnent. Le jeu de « Badaboum », très apprécié des enfants, en est une forme codifiée :

Jeu de « Badaboum »

Matériel :
– soit un jeu de Badaboum édité par Playskool;
– soit un jeu de 30 petits morceaux de bois, présentant un écart de taille de 1 à 5 et différenciés, au niveau de la section : ronde, carrée, triangulaire, hexagonale, etc.;
– un socle plat;
– une vingtaine de « jetons témoins ».
Joueurs : de 2 à 4.
But du jeu : être le plus adroit ou le moins maladroit des joueurs.
Déroulement :
– tirage au sort du premier joueur;
– le premier joueur choisit une des pièces du jeu et la dispose comme il l'entend sur le socle;
– le deuxième joueur choisit une pièce à son tour et la pose en équilibre sur la pièce précédente et ainsi de suite pour les joueurs suivants;
– à partir de la pose de la cinquième pièce, celui qui déséquilibre la superposition prend un jeton témoin et commence la construction suivante;

– quand un joueur totalise un nombre de jetons convenu à l'avance : par exemple 5 jetons témoins, le jeu s'arrête et l'on compare les ensembles de jetons de chaque joueur.
Celui qui en possède le moins est le gagnant.
En petite section et en moyenne section, on joue sans jeton et l'on gagne ou l'on perd à chaque empilage.

Exemples de variantes trouvées par les enfants :
– seul : essayer de reconstruire l'empilage photographié sur la couverture de la boîte de jeu (puzzle en volume);
– à 2 : chacun choisit une pièce et fait sa propre pile pour
• construire la tour ayant la plus grande hauteur ou
• la tour possédant le plus grand nombre de pièces.
A la suite de ces recherches d'équilibre, l'adulte présente aux enfants des croquis qu'il a réalisés lui-même (voir exemples A, B, C, D) et les invite à s'interroger sur la possibilité de réaliser ou non ces équilibres. L'enfant formule son hypothèse et barre l'équilibre qui ne lui semble pas réalisable puis reconstruit la situation afin de vérifier.
Certains enfants réclament de nouveaux croquis. L'enseignant les engage à en créer eux-mêmes pour leurs camarades : il s'agit, sur une fiche, de dessiner un équilibre possible et un équilibre impossible. Cela entraîne un travail très intéressant de codage et de confrontation entre les enfants.

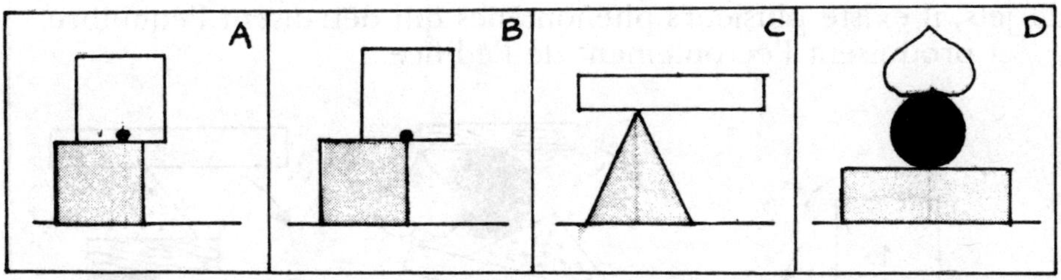

Jeux corporels

Dans une salle équipée de tapis, l'adulte propose parallèlement des jeux codifiés où il s'agit de :
– déséquilibrer le partenaire pour le faire tomber : jeu du rodéo où il faut désarçonner le cavalier; jeu du combat de coqs où les adversaires sont face à face, accroupis et mains l'une contre l'autre;

– soulever, retourner et maintenir au sol son partenaire : jeu de la tortue.
A travers ces jeux corporels, comme à travers la manipulation d'objets, certains enfants comprennent intuitivement que la stabilité dépend de :
- la hauteur du centre de gravité : ils s'abaissent instinctivement;
- la largeur du polygone de sustentation : ils élargissent leur base d'appui en écartant leurs pieds;
- la surface de contact avec le support : ils augmentent leur surface de contact en s'allongeant (exemple : enfant en difficulté sur une poutre).

Le maître observe ces réactions dans les réponses corporelles et les jeux comme le « Badaboum » où il s'agit d'équilibrer une pièce tout en mettant en difficulté le joueur suivant.
Vient le moment où l'enseignant favorise la coordination des expériences et des raisonnements. Il facilite l'observation de réponses adaptées et non adaptées quant à la recherche d'équilibre (ou de déséquilibre), et renvoie chacun vers de nouveaux jeux, mieux maîtrisés.

QUELQUES DONNÉES POUR L'ENSEIGNANT

Dans le cas d'une construction basée sur les empilements d'objets, il existe plusieurs phénomènes qui détruisent l'équilibre et produisent l'écroulement de l'édifice :

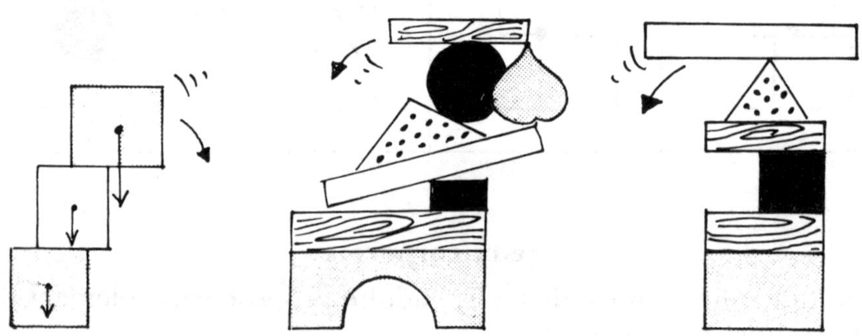

– le centre de gravité de la dernière pièce mise en place sort du polygone de sustentation de l'édifice (voir croquis A);

risant sur un laps de temps très court, apparitions et disparitions simultanées des ombres et du soleil, les enfants saisissent aisément la relation de cause à effet et peuvent la vérifier et la prévoir à loisir en observant la course des nuages.

L'horloge solaire : à partir de ces observations, l'adulte favorise le questionnement de l'enfant à propos du déplacement des ombres.
– Pourquoi les ombres des éléments de la cour se déplacent-elles?
– Comment se déplacent-elles? Quel parcours décrivent-elles?
– Est-ce toujours le même parcours d'un jour à l'autre?
Pour répondre à ces questions, l'enseignant propose à chacun de poser des hypothèses quant à la position future d'une ombre, à un moment précis de la journée.
Exemples :
– placer un berceau de telle façon que la poupée soit à l'ombre à tel moment de la journée;
– déposer un anneau au sol pour encercler l'ombre d'un petit objet suspendu à une perche;
– dessiner avec une craie la position future d'un poteau...
– déposer une baguette à l'endroit présumé de l'ombre d'un bâton fiché en terre (le gnomon est encore aujourd'hui la principale technique de mesure du temps dans les campagnes des pays asiatiques, africains...).
Afin de permettre à chacun d'identifier son tracé ou son anneau, l'adulte demande de trouver un moyen de différenciation.
A l'heure dite, les parieurs identifient les « vainqueurs » et formulent de nouveaux paris.

Dans le cas du petit objet suspendu, l'adulte demande de garder la trace de l'emplacement de l'ombre, par son détourage et aide les enfants à jalonner les déplacements de cette ombre en fonction des repères importants de la vie de chaque jour : tracés jaunes pour l'heure du « restaurant », bleus pour la récréation de l'après-midi...
En classe, le codage couleurs en rapport avec les différents moments observés est mis par écrit pour servir de mémoire. Certains enfants adoptent ce « cadran solaire » adapté à leur temps vécu et vérifient d'un jour à l'autre son exactitude... Sauf les jours sans soleil!

Jeu « Chat-ombre » : jeu d'opposition 1 contre 1.
Objectifs : prise de conscience de l'orientation de l'ombre par rapport au corps à un moment précis; opposition à l'autre.
But du jeu : se placer sur l'ombre de l'autre.

Déroulement : à un signal, le « chat » essaie de marcher ou de sauter sur l'ombre de son adversaire, qui tente de l'en empêcher.
– Quand il y réussit, il y a changement de rôle.
Remarques : le fait que chaque partenaire de jeu ait un but différent de l'autre n'est pas aisé pour tous. Au début quelques enfants « coopèrent » plus qu'ils ne s'opposent en ne cherchant pas à rendre leur action efficace. Certains joueurs découvrent que leur ombre disparaît quand elle se fond dans l'ombre d'éléments de la cour et en abusent. Le jeu revient à pratiquer « loup-ombre ».
Une règle du jeu supplémentaire devient nécessaire : le poursuivi ne doit pas « cacher » son ombre dans une autre, sinon, il y a changement de rôle.

Variante : « Ballon-ombre »
But du jeu : toucher l'ombre de l'autre avec un ballon.
Jeu pouvant se jouer à 3, 4 ou en grand groupe en multipliant les attaquants (et les ballons).
A l'occasion de ce jeu, quelques enfants découvrent une stratégie de positionnement par rapport à leurs adversaires pour les mettre en difficulté : ils ne s'enfuient plus dans n'importe quelle direction, mais se débrouillent « pour protéger leur ombre » en s'interposant entre elle et le joueur adverse.
L'adulte fait observer cette « manœuvre », puis la fait expliciter.

Pistes de recherche

A partir de cette sensibilisation, il est possible de proposer différents exercices, sous forme jouée.

Avec son ombre :
– lui donner une forme figurative;
– la déformer en la faisant se projeter sur des reliefs variés : angle de murs, objet cylindrique...;
– essayer de sauter dessus;
– la conserver en la faisant détourer par un camarade :
• avec une craie sur le sol de la cour;
• sur un carton dans le but de la découper ensuite.
L'adulte propose cet exercice à des moments éloignés et proches du zénith afin que la différence de taille et de forme des ombres puisse être nettement perçue et il fait repérer, à partir de ces « traces », le moment de la journée où les ombres sont petites, celui (ceux) où elles sont grandes;

– rechercher des postures ou des situations où les points de contact du corps avec son ombre soient variés, tant du point de vue du nombre que des endroits corporels en contact;
– entourer un petit objet posé au sol avec son ombre.

Avec d'autres ombres :
– découvrir d'autres ombres et les associer à leur propriétaire;
– créer à plusieurs des ombres de personnages fantastiques, à 6 bras, 3 têtes...;
– faire se donner la main aux ombres sans que les corps se touchent;
– observer la position des ombres au cours d'une ronde.
Ces jeux sont réinvestis lors du théâtre d'ombres corporelles.

Séance de projection

Lorsque l'écran reste un instant lumineux mais vide de toute image projetée, spontanément l'ombre des mains s'interpose et anime l'écran; il suffit d'une brève tentative, aussitôt imitée, pour que le maître soit très vite amené à réglementer le droit de création de chacun en proposant de :
– créer, seul ou à deux, une animation avec les mains : mains qui se caressent, se pincent, se poursuivent, se rejoignent, se saluent, dansent... et disparaissent;
– reconnaître ou faire deviner aux autres un jeu de doigts connu et pratiqué par la classe à travers sa projection en « ombres chinoises » et donc de rechercher quelle orientation donner aux mains afin que leurs ombres projetées fournissent des indices pertinents aux spectateurs;
– inaugurer une séance « d'ombromanies » : jeux des doigts permettant de recréer des animaux, des personnages en plaçant mains et doigts de façon très précise. L'adulte peut réaliser une forme évocatrice à partir d'une « ombromanie codifiée ».

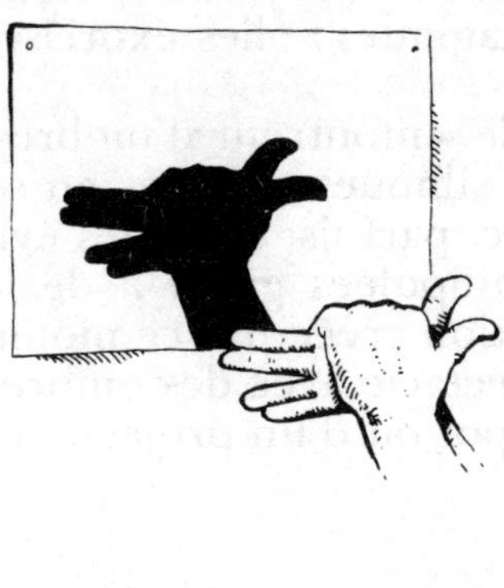

Il valorise les recherches et les créations enfantines en leur trouvant une identité, en les « baptisant », en essayant de les reproduire et de les conserver sur une fiche dessinée (au moins pour les contours de l'ombre).
Il laisse le temps à chacun de transmettre et d'expliquer son savoir-faire à ceux qui le désirent et donne des fiches d'ombromanies codifiées que les intéressés tentent de décoder.
Dès lors, l'écran et le projecteur, premiers catalyseurs, n'ont plus lieu d'être car ces recherches peuvent se poursuivre grâce à la lumière solaire, sur les murs éclairés.
Sous un spot, il favorise l'utilisation du multiscope (jouet présenté p. 98) pour inventer des ombres en jouant sur les symétries renvoyées par les 2 miroirs selon l'angle existant entre eux.
(Atelier proposé dans le laboratoire « Images » d'*Explora* – Cité des sciences et de l'industrie.)

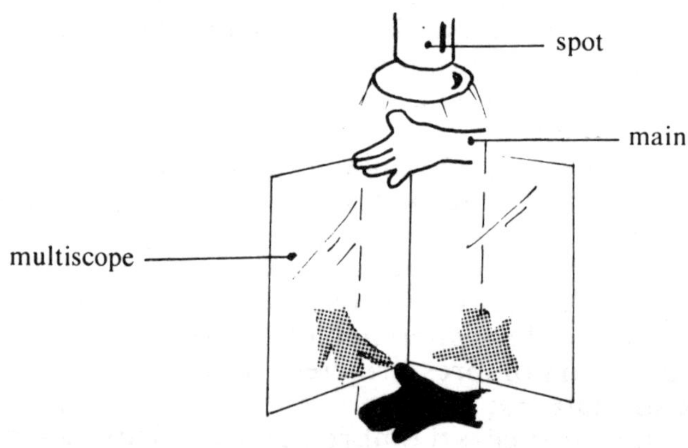

Un spectacle d'ombres chinoises

C'est un moment fascinant pour l'enfant car l'ombre lui suggère de fortes émotions, et les projections noires sur l'écran blanc deviennent aussitôt magiques : elles exorcisent la vieille peur des ombres et de la nuit.
A la fin du spectacle, le « montreur d'ombres » présente aux spectateurs les différentes silhouettes mises en scène : la plupart uniformément noires avec, parfois, quelques évidements translucides colorés. Elles sont manipulées grâce à de longues tiges d'acier. Profitant de la fascination créée par ce moment, l'enseignant propose de recréer un spectacle avec des ombres chinoises. Matériellement, il suffit d'un spot ou d'un projecteur de diapositives, d'un

écran translucide et d'un cadre permettant de le rendre rigide pour que les silhouettes puissent y trouver un appui et s'y déplacer.
Exemple : vitre en verre dépoli ou transparent et recouvert d'un papier blanc; toile blanche tendue sur un cadre, comme l'ouverture d'un castelet, etc.
En se cachant, comme au théâtre de marionnettes, les montreurs d'ombres permettent le secret et la magie qui l'accompagnent.
La confection de « figures d'ombres » est très mobilisatrice : chacun construit les éléments nécessaires à son scénario.

Observations
– Malgré la variété de matériaux mise à leur disposition, les enfants choisissent de préférence la cartoline noire, soit par analogie avec la couleur des ombres, soit en souvenir de la couleur des silhouettes du spectacle.
– Le personnage, comme dans les dessins, est dessiné en position frontale puis découpé.
– Les éléments des figures d'ombres, comme par exemple les fenêtres d'une maison, sont dessinés sur le carton mais non découpés, ce qui les rend inexistants à la projection.
– Les « figurines » construites en deux dimensions sont manipulées indifféremment dans toutes les orientations, sans tenir compte de leur face significative.

Chacune de ces difficultés apparues lors des représentations oblige l'enfant à s'interroger, à proposer des solutions et à les mettre à l'épreuve. L'adulte aide les enfants à expliciter les problèmes et parfois les provoque. Par exemple, il ne fournit plus de cartoline noire. La nécessité d'utiliser un autre matériau fait découvrir aux enfants que la couleur de l'ombre dépend de la plus ou moins grande opacité du matériau employé. Aussi les enfants construisent des figurines avec des matériaux plus ou moins translucides : carton, cartolines colorées, plastiques, rhodoïd colorés, papier métallisé, bois, tissus, toile cirée...
Leurs observations permettent de classer les matériaux selon 3 catégories d'effets :
– ceux qui fournissent une ombre noire, comme le bois, le plastique, le papier métallisé, la cartoline noire, bleue...
– ceux qui fournissent une ombre colorée, comme la cartoline rose, jaune...
– une « lumière » colorée, comme les rhodoïd transparents colorés, les papiers de bonbons transparents, le papier de soie...

Au cours de ces recherches, les enfants se sont émerveillés devant la lumière colorée transmise par les matériaux translucides, elle leur rappelle les effets de couleurs des silhouettes du « spectacle ». L'adulte invite alors à une remémoration plus précise de ces éléments colorés : c'était... les fenêtres et la porte du château, la robe de la princesse, les ailes de l'oiseau. Aussitôt, le besoin d'animer les « figures d'ombres » avec des espaces colorés engage les créateurs à de nouvelles réalisations.
Les premiers essais sont infructueux : la matière translucide est découpée mais collée sur la silhouette sans que celle-ci ait été auparavant évidée. Désappointement!
Si la solution n'apparaît pas à la discussion en grand groupe, l'enseignant propose une séance de projection d'objets présentant ou non des évidements. Il s'agit de reconnaître des objets à travers leur ombre.
L'enseignant fait vivre cet exercice sous forme de devinette, les objets ont été observés auparavant ou sont familiers aux enfants. Ils sont choisis en fonction de leur différence d'opacité et de leurs évidements (bouteilles plastiques avec ou sans liquide, bouteilles en verre coloré...).
L'adulte présente l'ombre de l'objet sous des angles significatifs, puis donne ce rôle de manipulation à celui qui découvre l'objet ou à un volontaire. Les espaces lumineux apparaissant à l'intérieur des ombres sont valorisés lors des projections simultanées ou successives d'objets aux contours identiques et dont certains présentent des évidements.
Puis le maître propose à ceux qui le désirent de créer des « espaces lumineux », des « trous » dans des silhouettes en carton à l'aide de la machine à perforer, de clous, d'aiguilles, de paires de ciseaux, des doigts. Après avoir laissé le temps de jouer avec les effets produits par ces « ouvertures », il invite à trouver une solution pour que ces perforations « envoient » de la lumière de différentes couleurs. Le réinvestissement des recherches précédentes sur les différences d'opacité des matériaux, facilite la découverte de l'utilisation des filtres colorés.
Dès le début, les manipulations ne tiennent pas compte du fait que les silhouettes en deux dimensions, et donc sans volume, ne peuvent être orientées que dans un plan parallèle à l'écran. Or, les « montreurs d'ombres » les utilisent à la façon des marionnettes, aussi bien de face que de profil, ce qui suscite, chez les spectateurs, des réactions indignées.

Ces réactions du public permettent que certaines règles se construisent lors de manipulations plus ou moins adroites :
– les ombres sont très visibles quand les silhouettes sont collées à l'écran. Plus les silhouettes s'éloignent, plus les ombres deviennent floues.
Règle : il faut donc manipuler les silhouettes contre l'écran.

– une silhouette n'est pas reconnue par les spectateurs lorsqu'elle est tenue « en travers » de l'écran, c'est-à-dire dans un plan plus ou moins perpendiculaire.
Règle : il faut donc manipuler la forme parallèlement à l'écran, sur l'une ou l'autre face, ce que les enfants nomment initialement « collés à l'écran ».

– les personnages découpés et vus de face ne doivent pas se déplacer de gauche à droite, ni l'inverse, car ils ne « marchent pas sur le côté ».
Règle : chaque figurine se déplace en fonction de sa découpe : découpée de profil, elle se déplace latéralement, avec retournement possible. De face elle peut effectuer un trajet vertical sur l'écran ou diagonal.

Jeux avec des ombres corporelles

Matériel : dans une pièce où l'on peut obtenir une pénombre :
– un projecteur de diapositives (posé au sol au fond de la pièce) ou un spot ;
– un écran blanc d'environ 5 m de longueur sur 3 m de hauteur, par exemple 2 draps réunis ;
– un système d'attache permettant de tendre l'écran.

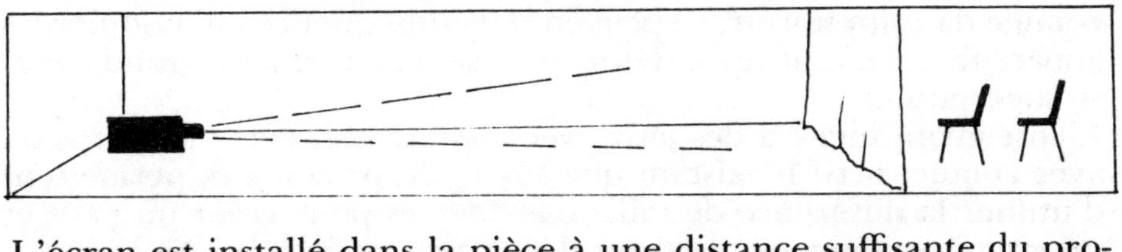

L'écran est installé dans la pièce à une distance suffisante du projecteur de telle façon que ceux qui jouent avec leur ombre disposent de la plus grande partie de la pièce alors que les spectateurs, eux, n'ont besoin que d'un minimum d'espace.
Avant de proposer cette structure de spectacle avec écran interposé où les spectateurs ne voient pas ce qui se fait de l'autre côté et sont

livrés à la fantaisie des faiseurs d'ombres et aux effets volontairement « effrayants » de certains de leurs jeux, l'adulte a permis à chaque enfant de découvrir son ombre, de « l'apprivoiser » à l'extérieur un jour de soleil, puis à l'intérieur dans la pièce sombre, grâce à la lumière de torches ou du projecteur.
Pour permettre aux enfants de multiplier leurs expériences l'adulte aménage l'espace, les incite à jouer avec la déformation des ombres par leur projection sur des surfaces variées : planes, concaves, convexes, ondulées ou dans différents plans : angle de murs, angle entre sol et mur.
Plus l'enfant est jeune et plus il lui faudra de temps pour s'approprier cette image de lui-même projetée sur le mur, le drap...

Dans un premier temps, l'enfant joue seul :
– à reconnaître son ombre et celle de ses camarades;
– à se déplacer dans différentes directions. Il découvre alors qu'en s'approchant ou en s'éloignant de son ombre, celle-ci grandit ou rapetisse.
Puis, l'écran interposé entre acteurs et spectateurs, le noir, la lumière et le secret de ce qui est caché font entrer l'enfant dans un monde fantastique, comme en témoigne la qualité de son écoute.
Il joue à reconnaître ses camarades à travers leurs ombres, à transformer son ombre en adoptant différentes postures (à quatre pattes, au sol), à devenir un animal, un robot, à faire peur, faire rire... Il s'ingénie à mimer des gestes quotidiens que les spectateurs doivent reconnaître et à faire grandir ou rapetisser son ombre.

Dans un deuxième temps, les jeux à 2, puis à plusieurs, stimulent l'imaginaire des enfants. Voyant l'effet des combinaisons des ombres comme dans un miroir, ils peuvent en conséquence en modifier les apparences : les ombres se déforment, se transforment, grandissent, se superposent.
L'enseignant incite à des jeux avec contact réel entre les corps ou avec contact fictif n'existant que sur le drap; ces jeux permettent d'utiliser la différence de taille des ombres pour créer un petit et un grand personnage, de créer des situations fictives où l'action se passe sur l'écran et non dans la réalité : les ombres se serrent la main, dansent ensemble, se battent, se caressent...
Les acteurs choisissent des rôles complémentaires : l'un attrape, l'autre fuit, miment une scène que les spectateurs doivent deviner ou décident de devenir un personnage fabuleux à 6 bras, 3 têtes...

Les couleurs

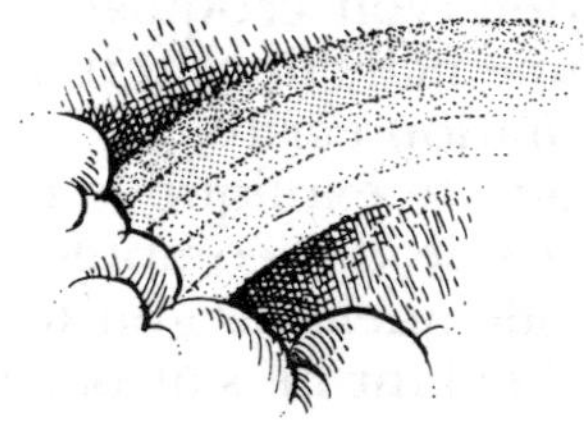

Objectifs

– Inventer des couleurs à partir des couleurs fondamentales.
– Approcher les notions d'opacité, de translucidité, de transparence.

Inventer des couleurs

Avec la peinture

Contexte : un coin « peinture » est installé en permanence. Après chaque période de vacances, de nouveaux mélanges de couleurs sont préparés avec les volontaires. Chaque pot peut recevoir une, 2 ou 3 couleurs selon les goûts de chacun. Le blanc et le noir font partie de ces choix ainsi que les proportions entre les couleurs.
Dès que l'habitude de respecter chaque couleur, en ne la « salissant » pas avec un pinceau d'une autre teinte, est acquise, l'adulte permet des mélanges personnels. Pour cela, chaque enfant dispose d'une palette et d'un pinceau personnel qu'il rince entre chaque utilisation. Pour lui, créer une couleur demeure longtemps un émerveillement. En conséquence, il joue davantage à en inventer de nouvelles et à les transformer plutôt qu'à les utiliser picturalement. Ses « œuvres », à cette époque, possèdent des coloris fondus, délicats, adoucis, feutrés, où dominent les gris et les bruns rosés.
Cette curiosité assouvie, l'adulte introduit un album *(Petit bleu et petit jaune* [1]*)* qui lui permet de coordonner et de valoriser les découvertes de chaque enfant. Puis il incite à une expérimentation plus rigoureuse avec les mélanges de couleurs afin de tester puis de consolider les acquis.

Matériel :
– encre ou peinture liquide des 3 couleurs fondamentales pour le peintre : magenta, jaune, cyan;
– 3 compte-gouttes (un par couleur);
– des pinceaux pour les mélanges;

1. Voir bibliographie.

– des fiches de cartoline blanche avec le processus de l'expérimentation (voir croquis);
– une fiche de référence où chaque couleur est associée à sa représentation écrite.
L'adulte explique le déroulement de l'exercice.
A l'aide des compte-gouttes, il faut déposer dans chaque pastille ronde quelques gouttes de la couleur demandée par le mot écrit.
Si l'enfant ne sait pas reconnaître ce mot, il se sert de la fiche de lecture.
Dans la pastille carrée, il dépose quelques gouttes des 2 couleurs correspondantes et les mélange. Lorsque les couleurs sont sèches, il écrit ou colle le nom de la couleur obtenue.

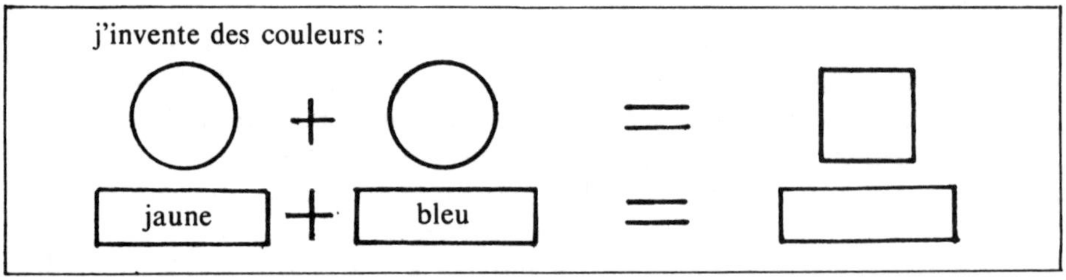

Avec des transparents de couleurs

Les lunettes colorées
Matériel :
– enveloppes colorées et transparentes de bonbons;
– rhodoïds transparents aux couleurs intenses primaires : magenta appelé rose thyrien, jaune citron, cyan appelé bleu turquoise (couvertures de cahier, intercalaires de classeurs).
Spontanément, l'enfant porte devant ses yeux ces enveloppes de bonbons si elles sont transparentes et colorées. Il s'extasie devant les effets produits par les permutations et les superpositions de filtres.
Devant cet intérêt, l'adulte apporte l'album *Les lapins à lunettes* [1] et propose de construire des lunettes de couleurs : à chacun de choisir la forme et la ou les couleurs des 2 ouvertures.
Cela donne lieu à un travail intéressant de recherche quant :
– à l'adéquation de la taille des « lunettes » à la taille du visage de chacun;

1. Voir bibliographie.

– à la nécessité de faire correspondre les ouvertures à l'emplacement des yeux;
– aux différentes combinaisons de transparents et aux différents rendus de couleurs;
– à l'opacité croissant en même temps que le nombre de superpositions;
– au réinvestissement possible d'un travail sur la symétrie quand il s'agit de la découpe de la forme des lunettes;
– au problème de l'attache des lunettes résolu, soit par des crochets à l'imitation des vraies lunettes, soit par des élastiques, rubans...

Puzzle-couleurs
Matériel :
– formes géométriques, pleines ou évidées, découpées dans du rhodoïd transparent aux couleurs primaires : magenta, cyan, jaune, à base de triangles, ronds, carrés, losanges, rectangles de 3 tailles différentes;
– modèles à recopier à partir des créations enfantines, figuratives ou non, ou modèles inventés par l'adulte, où figureront les 3 couleurs primaires et les 3 secondaires;
– supports blancs.
L'adulte permet l'appropriation des formes transparentes et des combinaisons de couleurs en laissant l'enfant libre de ses constructions et superpositions. Puis il demande une construction sur un thème : la maison, l'avion, la chenille...; donne des consignes plus précises quant à l'exigence d'apparition de telle ou telle couleur secondaire, et valorise les créations enfantines répondant à la consigne en les recopiant.
Il demande à l'enfant de reconstruire le modèle de son choix et en vérifie l'exécution. S'il est réussi, il inscrit le nom de l'enfant au dos du modèle.

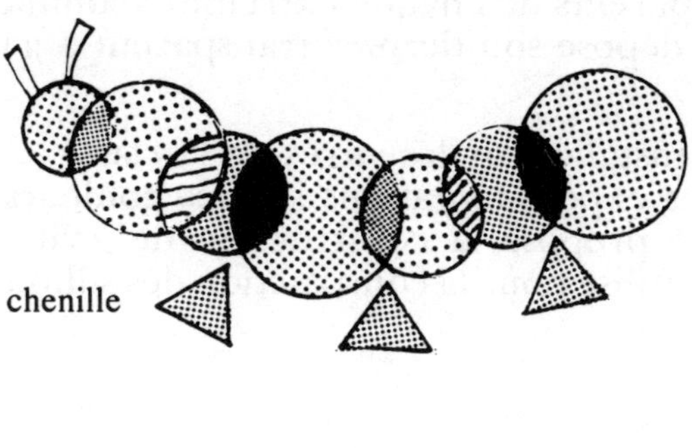

la chenille

Jeu « Dominos-mélanges »
Se joue à 2, 3 ou 4.
Objectif : analyse et synthèse de la composition des couleurs.
Matériel :
– carrés en rhodoïd transparents des 3 couleurs primaires (magenta, jaune et cyan);
– un dé dont chaque face porte, soit une couleur primaire ci-dessus énoncée, soit une secondaire : vert, orange et violet;
– un support blanc afin que les couleurs des transparents ne subissent pas une première transformation.
But du jeu : se débarrasser le premier de tous ses transparents.
Déroulement
– Partage égal entre les joueurs des rhodoïds colorés (nombre et couleurs).
– Tirage au sort de l'ordre des joueurs.
– Pour pouvoir poser le premier transparent il faut, après lancement du dé, que la face supérieure corresponde à une des couleurs de base des rhodoïds.
– Une fois le premier rhodoïd placé, chaque joueur lance le dé à son tour et doit créer la couleur demandée en faisant chevaucher une partie d'un de ses transparents sur une partie d'un des derniers posés. Exemple : si la couleur demandée est orange, le joueur doit déposer un rhodoïd rose sur un jaune déjà posé, ou l'inverse. Si la couleur demandée est une couleur primaire, il doit superposer un rhodoïd de cette couleur à un de même couleur.
Si un joueur ne peut créer la couleur demandée par le jet de dé, il passe son tour.
Les superpositions se font par chevauchement d'un rhodoïd sur une partie d'un précédemment déposé.
Les chevauchements successifs se font de part et d'autre du premier transparent, ce qui crée un cheminement rectiligne se construisant dans les deux sens et offrant aux joueurs la possibilité de choix entre les transparents de chaque extrémité (comme aux dominos).
Le joueur qui dépose son dernier transparent a gagné.

Les « vitraux »
Décorations à installer sur les vitres de la classe.
A partir de ces expérimentations sur les couleurs et les transparences, l'adulte propose la construction de « vitraux » décoratifs sur le principe utilisé pour la construction des silhouettes du théâtre d'ombres.

Avec des teintures naturelles

« Un jour que le magicien mélangeait et malaxait un peu de ceci et un rien de cela... il inventa des couleurs. »
En imaginant que peintures, craies, encres et autres teintures, n'existent pas, l'adulte, exploitant l'album *Le magicien des couleurs* [1], propose aux enfants d'inventer des couleurs à partir d'éléments trouvés dans la nature, dans l'alimentation...
Il fait appel à leurs souvenirs d'éléments qui tachent ou colorient leurs doigts, leurs visages, leurs vêtements... L'enfant propose des ingrédients pour créer des couleurs, les expérimente. A partir de ces recherches, il s'agit de créer un catalogue associant chaque couleur à son élément naturel par une représentation dessinée, ou découpée, collée et écrite.
Les coloris, à base de jus de fruits ou de jus de cuisson de légumes, sont en général très fragiles et nécessitent d'être utilisés aussitôt dans les productions enfantines.
L'adulte invite à expérimenter l'action du sel, du sucre et du vinaigre sur les différentes couleurs. Lorsque l'effet produit un changement spectaculaire et que chacun a pu le recréer à loisir, l'adulte demande de rechercher une représentation codée qui permette de s'en rappeler pour reproduire à volonté cette réaction colorée.
Exemple : le vinaigre sur le liquide de cuisson bleu violacé du chou rouge crée un liquide rose thyrien.

Le Batik

C'est une technique d'impression sur tissus par teintures successives (originaire de l'île de Java). Il s'agit de dessiner avec de la cire chaude et de colorer avec des teintures, par immersion de la pièce de tissu. Avant chaque teinture, la cire permet de protéger certains endroits du tissu pour qu'ils ne soient pas colorés par la teinture suivante. Là où la cire n'existe pas, les couleurs s'additionnent.
Le principe de superposition des couleurs devra auparavant être assimilé par les enfants à partir de jeux avec des filtres colorés.
Le Batik demande certaines précautions d'utilisation :
– emploi d'un récipient électrique à thermostat afin que la cire reste à température adéquate;
– mise à l'écart des enfants qui se servent de la cire;
– emploi de protections pour les teintures (gants, tabliers).

---

1. Voir bibliographie.

Lorsque l'enfant a décidé de son motif, il le dessine à la cire liquide à l'aide d'un pinceau à poils durs sur une étoffe blanche (pongé de soie ou coton), il préserve ainsi avec la cire les endroits du tissu qu'il souhaite garder en blanc.
Puis après s'être protégé (gants, tablier), il immerge sa pièce de tissu dans un des trois bains de couleur primaire. A chaque sortie de bain, la surprise est garantie : *« La teinture a " peint " à ma place. »*
Quand il s'agit de la deuxième ou troisième immersion, la surprise est parfois importante. En effet, il ne reste aucune trace de cette dernière couleur, à part dans les brisures de la cire, car elle s'est « évanouie » dans sa combinaison avec les couleurs précédentes.
En effet, selon le choix du premier bain, jaune, rose ou bleu, les couleurs suivantes seront toujours influencées par cette base. Ainsi, après un premier bain jaune, il sera impossible d'obtenir un rose ou un bleu, mais un orange ou un vert, et ainsi de suite.
L'adulte incite les enfants à cette recherche systématique des différentes possibilités à partir de filtres colorés.

Avec des toupies : le mélange virtuel

Au-delà d'une certaine vitesse de rotation d'une toupie peinte de plusieurs couleurs, la persistance rétinienne donne l'illusion d'une couleur résultante.

Matériel :
– petites toupies en bois;
– feuilles de cartoline blanche sur lesquelles sont ronéotés des disques à découper et à perforer;
– couleurs primaires et secondaires + noir et blanc (peinture, feutres, encres, craies...);
– ciseaux et poinçon.

Chaque participant découpe le ou les disques dont il a besoin, en évide la partie centrale et colorie chacun avec deux ou trois couleurs au choix. Puis il dépose chaque disque sur la toupie et la lance à grande vitesse. Dans un premier moment, tous les bariolages, toutes les couleurs, sont permis.
Puis l'adulte demande de diviser chaque disque en 2 parts égales et de colorier chaque partie ainsi définie avec une des couleurs primaires. Lorsque la toupie tourne vite, l'enfant observe le résultat. Est-ce la même couleur que celle obtenue avec les mélanges de peinture?

QUELQUES DONNÉES POUR L'ENSEIGNANT

Forme d'énergie, la lumière naît de la transformation d'une autre énergie : électricité pour la lampe à incandescence, chaleur pour la flamme, l'étoile, le Soleil, énergie chimique pour les « lucioles ».

Les couleurs

La lumière se propage par ondes électromagnétiques s'étendant sur un certain éventail de très hautes fréquences (nombre de vibrations par seconde). Ces fréquences sont perçues par l'œil humain sous forme de couleurs : ainsi le violet a une fréquence de vibration plus élevée que le rouge.
La vitesse de la lumière dans le vide avoisine 300 000km/sec. et diminue lorsqu'elle traverse d'autres milieux tels l'air, l'eau, le verre...
Cette propriété a permis à Newton, par l'intermédiaire d'un prisme de verre, de démontrer que la lumière blanche est composée d'une somme de rayons colorés. Parmi la succession infinie de nuances du spectre visible, il a choisi sept couleurs : violet, indigo, bleu, vert, jaune, orange, rouge.
Ce spectre apparaît de la même manière lorsque, après la pluie, les gouttelettes d'eau en suspension dans l'air, agissant à la façon d'un prisme, décomposent la lumière du soleil et forment un arc-en-ciel. Ce spectre apparaît aussi lorsqu'une substance transparente réfracte la lumière.
Notre rétine peut distinguer plusieurs millions de tons différents grâce à 3 sortes de récepteurs qui la tapissent :
- les cônes rouges perçoivent le rouge, l'orange et le vert;
- les cônes bleus perçoivent le bleu et le bleu-vert;
- les cônes verts perçoivent le vert, le bleu et l'orange.

C'est la combinaison de tous ces signaux par notre cerveau qui nous permet de voir le monde en couleurs.
La couleur d'un objet résulte :
- de la qualité de la lumière qu'il reçoit : soleil à midi ou au couchant, lumière d'une flamme, d'une bougie, d'une lampe à incandescence, d'un tube néon;
- des rayonnements lumineux que sa surface absorbe. Selon la composition chimique de celle-ci, certains atomes captent

la lumière ou une partie de celle-ci, alors que d'autres la réfléchissent : un objet noir capte tous les rayonnements lumineux alors qu'un objet blanc les réfléchit tous. Un objet rouge sélectionne les radiations rouges, qu'il réfléchit, des autres radiations de couleurs qu'il retient.
Lorsqu'il s'agit de lumière colorée, les mélanges se comportent paradoxalement de façon inverse à ceux des pigments en peinture.
Les couleurs primaires de la lumière sont le rouge, le vert et le bleu qui, mêlés deux à deux, donnent :
rouge + vert = jaune
vert + bleu = cyan
rouge + bleu = magenta
Le jaune, le cyan et le magenta, couleurs secondaires lorsqu'il est question de lumière, sont les couleurs primaires du peintre. En peinture, les couleurs secondaires sont alors le rouge mélange de jaune et de magenta, le vert mélange de cyan et de jaune, le bleu mélange de magenta et de cyan.
Contrairement à la lumière qui crée toutes ses nuances de couleurs à partir de l'addition des 3 couleurs primaires selon des proportions variables (principe du téléviseur couleur), les pigments des peintures, encres, teintures, opèrent par soustraction de certaines radiations lumineuses, la couleur perçue étant la couleur résultant de cette sélection.
Ainsi, la peinture jaune absorbe les radiations bleues et réfléchit les radiations rouges et vertes qui, se mêlant, nous font percevoir la couleur jaune.
La peinture noire, addition de toutes les couleurs, ne nous renvoie aucune radiation lumineuse.
Les couleurs des peintres sont élaborées à partir de sels métalliques comme ceux du fer ou du nickel qui, selon la nature des atomes associés au métal, donnent différents coloris. Les composés du chrome sont utilisés depuis des siècles dans la composition des jaunes, le cobalt dans celle des bleus, l'or pour les rouges... (ce qui explique leur différence de prix d'achat).
L'irisation de fines pellicules de matières transparentes comme les bulles de savon ou les plaques d'huile naît de l'interférence des rayonnements réfléchis par les surfaces intérieures et extérieures : certaines ondes se trouvant en phase s'intensifient, d'autres, en opposition de phase, s'annulent.

Les ombres

Les rayons de lumière, constitués d'une succession ininterrompue de vibrations, se propagent en ligne droite, ce qui permet de comprendre la formation des ombres.
Ils viennent buter contre l'objet en délimitant une zone non éclairée à l'intérieur de laquelle se situent, sur l'objet lui-même, l'ombre propre et, sur un plan plus ou moins éloigné, l'ombre portée.
Ces ombres subissent 2 sortes d'influences :
– la réflexion des rayons lumineux provenant d'objets ou de plans voisins;
– la diffraction des rayons lumineux qui se brisent sur le contour de l'objet, formant une zone d'éclairement intermédiaire : la zone de pénombre propre, ce rayonnement influant aussi le pourtour de l'ombre portée en brouillant les contours;
– l'éclairement partiel d'une partie de l'ombre portée dû à la taille de la source lumineuse (ampoule électrique en verre dépoli par exemple) crée une zone de pénombre portée.
En conséquence, cette zone, inexistante, lorsque l'objet se trouve très proche de son ombre, devient de plus en plus importante à mesure que celui-ci s'éloigne.
L'opacité d'un corps ou sa transparence dépend de son épaisseur. L'eau, transparente sous une faible épaisseur, finit par devenir opaque après quelque 80 m d'épaisseur.

Couleurs des ombres

– Avec la lumière blanche, les ombres apparaissent noires si le corps contre lequel a buté la lumière a absorbé tous les rayonnements ou si le corps est opaque. Lorsque le corps est translucide et laisse passer un rayonnement coloré, l'ombre est de la couleur de ce rayonnement.
– En lumière colorée, la couleur de l'ombre est la couleur complémentaire à celle du faisceau lumineux. Par exemple, en lumière rouge, l'ombre d'un objet apparaît cyan, couleur résultant de l'addition de deux couleurs primaires absentes, le vert et le bleu; en lumière bleue, l'ombre apparaît jaune, addition de rouge et de vert et, en lumière verte, l'ombre est magenta; addition de bleu et de rouge.
L'addition des trois faisceaux lumineux, vert, rouge et bleu, reforme la lumière blanche et l'ombre est noire.

La symbolique

L'ombre représente l'image des choses fugitives, irréelles et changeantes.
Dans le théâtre d'ombres indonésien, l'ombre se charge de l'essence subtile des êtres; ainsi l'homme qui vend son âme au diable perd aussi son ombre. Certaines peuplades interdisent aux enfants de jouer avec leur ombre, d'autres demandent de ne pas marcher sur celle d'autrui. Midi, « l'heure sans ombres », « l'instant immobile », est le moment choisi par les Grecs pour célébrer leurs sacrifices aux morts.
Selon les traditions, les couleurs sont investies d'une valeur éthique, religieuse et quelquefois d'un pouvoir magique.
La chromatologie, science étudiant les effets des couleurs sur le comportement humain, attribue aux couleurs chaudes (à base de rouge) des effets stimulants, dynamisants, excitants et aux couleurs froides (à base de bleu) un effet calmant, apaisant.
En conséquence, l'enseignant pourra recréer dans sa classe l'ambiance colorée qui correspond le mieux aux besoins de son groupe d'enfants.

BIBLIOGRAPHIE

Albums

La couleur

ALEN P. et DERU M., *Aglaé au pays des couleurs,* Casterman.
IVANOVSKY E., *Toutes les couleurs,* Gautier-Languereau.
LIONNI L., *Petit bleu et petit jaune,* L'école des loisirs.
LOBEL A., *Le magicien des couleurs,* L'école des loisirs.
LUKESOUA M., KUDLACEK J., *La petite fille et la pluie,* Duculot.
MC KEE D., *Elmer,* Kaléidoscope.
NIKLY M. et PAUZIN P., *Les lapins à lunettes,* Ouest-France.
RUPPRECHT S.P. et WILKON J., *Qui a volé l'arc-en-ciel?,* Nord-Sud.
THOMAS V. et KOSKY P., *Pélagie, la sorcière,* Milan.
WILD J., *Les ours et les couleurs,* L'école des loisirs.

Les ombres, le noir

BRIEL C. et BOZELLEC A., *Histoire de Julie qui avait une ombre de garçon,* Le Sourire qui mord.
CANTY J., *Julien avait peur du noir,* Le Seuil.
STOOK B., *Le chevalier qui avait peur du noir,* L'école des loisirs.

Documentaire

ROSENSTIEHL A., *Le livre des couleurs,* Larousse.

L'eau

Objectifs

Permettre à l'enfant d'approcher les notions de :
– conservation de volume,
– flottabilité,
– transmission d'une pression,
– transformations optiques (effet de miroir, de rapprochement),
– dynamique des liquides,
– dissolution,
– changement d'états.

Situations de départ

Depuis la classe des plus petits, dans un local spécialement aménagé, des jeux d'eau sont proposés aux enfants qui le souhaitent.
Les objectifs de cette activité sont de sensibiliser l'enfant à cet élément, de lui permettre de se l'approprier dans une relation de plaisir, partagée avec ses pairs.
Une grande variété d'ustensiles et de jouets est disponible et évolue selon la nature des intérêts manifestés ou les objectifs plus précis que l'adulte s'est fixés.
Cette approche concerne le corps entier de l'enfant. C'est une approche sensorielle :
– tactile dans la variété des contacts : température, projections sur le corps plus ou moins douces : éponge, jet, arrosoir...;
– sonore : bruits que l'on produit avec l'eau, en jouant, en la frappant, sons émis avec des jouets à eau (frappes sur des bouteilles plus ou moins remplies d'eau, sifflets);
– visuelle : observation des effets de loupe, de diffraction, de miroir, de la dynamique de l'eau, de ses mouvements (tourbillons, ondulations...).
Mais c'est aussi une approche technologique avec une intuition des lois de la physique des liquides :
– notion de flottabilité;
– notion de conservation des quantités malgré les transvasements.
D'autres notions sont abordées avec les plus grands sur la disso-

lution (sel, sucre), les changements d'état de l'eau (glace ou neige, eau, vapeur) et les notions de déplacement des objets dans l'eau : déplacements vécus à travers leurs corps, à la piscine, en vivant différentes sortes d'appuis avec les pieds, les mains, à l'aide de rames, de palmes... Mais aussi en observant les animaux aquatiques ou les différentes sortes d'embarcations : à rames, avirons, voiles et à moteur.

Pistes de recherche

Les transvasements et la notion de conservation de volume

Manipulations spontanées

Les transvasements restent jusqu'en grande section des activités privilégiées et durables. Pour contribuer à enrichir leurs prises d'informations, l'enseignant introduit dans la classe non seulement des liquides, mais aussi des solides comme le sable, le riz, différents grains...

Il collectionne :

– des récipients aux formes et aux tailles variées : cylindre, sphère, parallélépipède, cône... ;

– des ustensiles de préhension de différentes sortes : éponge, pipette, seringue, poirette, cuillère, louche, compte-gouttes, paille... ;

– des ustensiles dont le rôle est inverse comme passoire, égouttoir, écumoire, tamis... ;

– d'autres qui canalisent l'eau : entonnoir, tuyau...

Problème

Distribution de jus de fruit dans des verres de 2 types :

– verre évasé et haut en plastique,

– verre large et bas en verre.

La maîtresse remplit les verres à la même hauteur comme le suggère Isabelle, qu'arrive-t-il? Ceux qui ont des verres larges ont-ils autant de jus de fruit que ceux qui ont des verres évasés? Comment le savoir?

Après discussion, plusieurs propositions sont écartées, comme par exemple :

– comparer le nombre de « gorgées » de chacun des verres,

– ou comparer le temps qu'il faut pour boire le contenu de l'un ou l'autre verre.

D'autres propositions sont retenues :

– comptabiliser le nombre de « louches » (petite louche à sauce) de jus d'orange contenu dans chacun des verres,
– transvaser le contenu du verre large dans un verre évasé et comparer les 2 hauteurs de liquide,
– faire l'opération inverse avec le contenu du verre évasé.
Les résultats sont consignés dans un tableau.

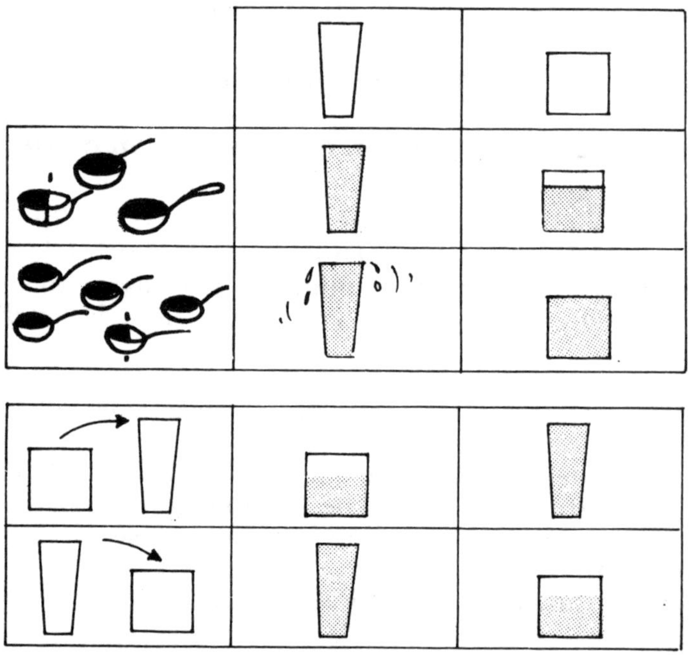

Les résultats confirment « les préférences » nettement accusées de la plupart des enfants pour les verres larges et l'expérimentation permet au groupe de trouver une solution pratique qui convient à chacun : verser le même nombre de louches de jus d'orange dans chaque verre.
Ce jour-là, l'adulte avait prévu suffisamment de bouteilles de jus d'orange pour que ne se pose pas le problème du partage.

Jeu « ça déborde »
Se joue à 2 ou 4.
Objectifs :
– conservation de volume,
– comparaison de volumes.

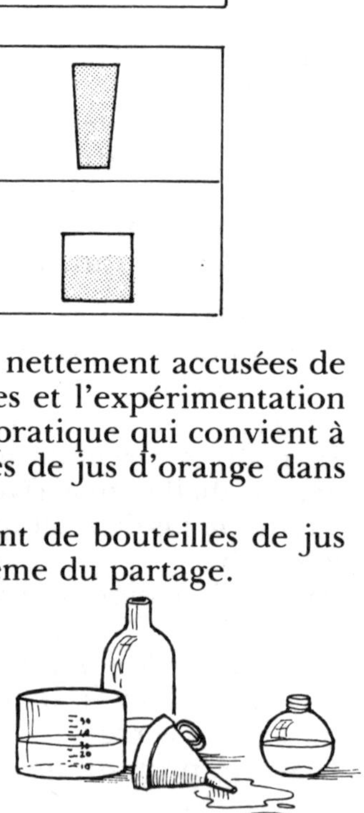

But du jeu : être le premier à faire déborder son récipient.
Matériel :
– personnel : un verre identique par joueur;
– commun : 6 ustensiles capteurs d'eau : une éponge, une seringue, un compte-gouttes, une pipette ou une poirette, une cuillère, une dosette;
– un dé cardinal (×2) avec 1, 2, 3 points;
– un dé où sur chaque face est symbolisée une forme de récipient (ci-dessus énumérés);
– une cuvette pleine d'eau.
Déroulement
– Déterminer l'ordre des joueurs.
– Chacun à leur tour, les joueurs lancent simultanément les 2 dés, et remplissent l'élément capteur désigné par la face du dé autant de fois que l'indique le dé cardinal puis en versent le contenu dans leur verre.
– Lorsque le premier verre déborde, le jeu s'arrête et les niveaux d'eau départagent les joueurs.

Remarque
Ce jeu amènera certains enfants à comparer les volumes des différents capteurs d'eau pour savoir lequel est le plus favorable au gain de la partie et lequel est le moins avantageux.
Pour le même capteur, le joueur qui obtient le volume le plus important explique aux autres comment remplir son ustensile. Cette comparaison entre les différents capteurs étant établie, l'adulte propose de recenser des équivalences!
Exemples :
– 1 seringue = × contenus de cuillère
– 1 cuillère = × contenus de compte-gouttes
Les enfants observent qu'avec certains contenants les résultats sont un peu différents d'une fois sur l'autre : l'éponge, la poirette.

Flottabilité – non-flottabilité

Expérimentations

Comme point de départ : le récit d'un conte, issu d'une légende norvégienne, *Comment la mer devint salée* [1], où le naufrage d'un navire est causé par une trop forte charge de sel.

---

1. Voir bibliographie.

Les enfants discutent à propos de ce navire qui coule et évoquent d'autres naufrages qui les ont impressionnés à travers les médias. *« Pourquoi un bateau coule-t-il? »* Plusieurs hypothèses sont mentionnées :

– *« parce que le chargement est trop lourd »* (A);
– *« parce que le bateau se casse en rencontrant un rocher »* (E);
– *« parce que la tempête le retourne »* (D);
– *« parce que le bateau a été troué par des torpilles »* (C);
– *« parce que les vagues entrent à l'intérieur »* (B);

Nous décidons de vérifier ces hypothèses.
Il s'agit d'abord pour les volontaires de choisir un bateau, par rapport à sa qualité incontournable : il doit flotter!
L'adulte a choisi d'apporter un matériel d'expérimentation en ayant soin de faire varier :

– le volume intérieur : volume nul pour une plaquette de bois, volume plus ou moins important selon la hauteur des rebords des différents récipients;
– la surface portante des objets, surface en contact avec l'eau;
– la densité des matériaux : bois, métal, plastique, polystyrène (nota : les plastiques ont souvent une flottabilité s'apparentant à celle des carburants dont ils sont issus).
– les formes de ces récipients : à base ronde, rectangulaire, concave, convexe ou plate.

Certains, s'emparant de plates-formes sans rebords, constatent qu'il est très difficile de déposer des objets sur ces « radeaux » sans qu'ils basculent et envoient leur chargement au fond de l'eau.
Après discussion, les « radeaux » plats et sans rebords sont écartés ainsi que les récipients qui ne tiennent pas à plat sur l'eau. Seules sont retenues les embarcations à rebords, qui flottent lorsqu'elles sont posées sur l'eau.
Pour cette expérimentation, l'adulte choisit 5 types de « barques » en fonction du matériau :

– barquette de polystyrène,
– barquette d'aluminium,
– fond de boîte métallique,
– boîte de cigares en bois,
– fond de bouteille en plastique.

Les termes *flotter* et *couler* ont nécessité une discussion assez animée car certains distinguaient de grandes différences d'état entre les divers seuils de flottaison, celui par exemple de l'objet carrément

posé sur l'eau et celui affleurant à peine la surface. Mais notre code stipule que :
« flotte » = touche la surface de l'eau;
« coule » = touche le fond de l'eau...
Pour ces tests, il a fallu collectionner 3 récipients identiques de chaque sorte.
Le premier reste indemne pour les expériences A, B et D. Le second est percé. Le troisième est déchiré, découpé ou scié.
Chaque groupe de 2 ou 3 enfants teste les différentes situations et note les résultats sur une feuille.
Les résultats sont présentés ici sous forme de tableau à double entrée, avec lequel les enfants sont familiarisés.

matériau	embarcation	trop chargée A	remplie d'eau B	percée C	renversée D	cassée en deux E
polystyrène barquette		↓	↑	↑	↑	↑
aluminium barquette		↓	↓	↑	↑	↓
métal boîte à sardines		↓	↓	↓	↓	↓
bois boîte à cigares		↓	↑	↑	↑	↑
plastique fond de bouteille		↓	↓	↑	↓	↓

Plus tard les différents résultats sont relus, comparés, commentés. Sur un tableau récapitulatif les solutions concordantes sont notées, les divergences fournissant l'occasion d'affiner l'expérimentation avec le groupe, ici option C et D.
Dans l'option C, le désaccord porte sur la flottabilité ou non de la boîte en fer, de la barquette d'aluminium, de la bouteille plastique.
Sébastien se vante de savoir faire flotter toutes les barques percées

et même la boîte de sardines. Nous observons sa manière de déposer les récipients sur l'eau, à plat et très délicatement, après les avoir vidés et secoués. Il est aussitôt imité par quelques-uns qui désirent s'approprier ce savoir-faire.
Parfois, le récipient en métal se maintient en surface quelques minutes, le temps d'y croire, parfois plus, mais finit malgré tout par sombrer. Nous sommes obligés de noter ↓ malgré le dépit de Sébastien. Le pot de plastique, lui, se maintient au ras de l'eau, mais ne coule pas. Les barquettes, elles, semblent posées, comme si les trous n'existaient pas! Isabelle réagit : *« C'est parce que les trous sont petits que les barques flottent! Si on faisait de gros trous, elles couleraient! »* Cette réflexion amène certains à vouloir vérifier sur des matériaux faciles à travailler : barquettes de polystyrène, d'aluminium, pots en plastique, et fond de bouteille. Nous devons donc ajouter une colonne « gros trous » à notre tableau (colonne F). Contrairement à l'hypothèse d'Isabelle, les embarcations « s'obstinent » à flotter malgré les trous de différentes grandeurs.
Lorsque chaque « expérience » a été suffisamment exploitée par le groupe et que les résultats reçoivent l'accord de tous les « expérimentateurs », l'adulte demande une lecture collective de ce tableau récapitulatif.
Les enfants remarquent que :
– comme dans le conte, tous les bateaux coulent lorsqu'ils sont trop chargés;
– que hormis ce cas de trop fort chargement, certaines embarcations flottent dans toutes les autres situations;
– que la boîte métallique coule dans toutes les expériences décrites.

Un jeu : le « pataplouf »
Objectifs :
– équilibrer un ensemble de poids sur un flotteur,
– prise de conscience de la limite : flottabilité/non-flottabilité d'un récipient.
Matériel :
– un récipient à rebord,
– un lot d'éléments identiques en métal de telle sorte que le chargement équilibré d'une quinzaine d'éléments fasse couler le récipient.
But du jeu : ne pas être celui qui fait couler le navire.
Déroulement
– Déterminer l'ordre des joueurs.

– Chaque joueur, à son tour, dépose un élément métallique dans le récipient appelé « barque » ou « péniche ».
– Celui qui, par son action, fait couler la barque a perdu et prend un jeton de pénalité.
– Le jeu reprend plusieurs fois et, à la fin de plusieurs parties, le perdant est celui qui détient le plus de jetons, le gagnant celui qui en possède le moins.

L'eau est capable de transmettre une pression

Expérimentations spontanées
L'adulte donne aux enfants des récipients hermétiques avec embout permettant d'exercer une pression sur un liquide, comme des seringues, des poirettes, pipettes, compte-gouttes, pistolets à eau, et du matériel léger favorisant la prise de conscience de la force exercée par l'eau comme des balles de ping-pong, tubes, moulinets, flacons ayant une base restreinte.
Hormis les aspersions qu'il ne sera pas nécessaire d'organiser, mais de permettre dans certaines conditions, d'autres défis apparaissent : viser un objet, lancer le plus loin possible...
Chacun expérimente les « tirs » du pistolet à eau, de la seringue ou des différentes pipettes. Des différences notables apparaissent entre les distances de jets de ces lanceurs d'eau, différences qui peuvent aboutir à l'établissement d'une relation d'ordre : quel est l'objet qui permet de lancer l'eau le plus loin? le moins loin?
Puis, au fur et à mesure des explorations spontanées, l'adulte propose d'essayer grâce à la force du jet d'eau, de :
– faire tomber des objets (hauts et légers avec base réduite),
– faire tourner des roues, des moulinets autour d'un axe (moulinet à air),
– faire avancer des objets légers, cylindriques, ronds ou munis de roues (balle de ping-pong, bobines...).

Jeu : « Pousse-boule » ou « pousse-bobine »

Objectifs :
– établir une relation entre pression sur l'engin et force exercée par l'eau sur l'objet.
– orienter le jet en fonction d'une trajectoire.
Matériel :
– une pipette, ou un pistolet à eau, ou une seringue identique par joueur;

– une balle, ou une bobine, différenciée pour chacun des joueurs;
– une cuvette pleine d'eau;
– un terrain carré de 4 m sur 4, avec un rond central.
Lieu : la cour (par temps sec et chaud).
Nombre de joueurs : 2 à 4.
But du jeu : être le premier joueur à placer sa balle dans le rond central.
Déroulement
– Le terrain matérialisé, les pipettes remplies, les joueurs se placent à l'extérieur du carré.
– Au signal, tous les joueurs poussent leur balle vers l'intérieur du rond grâce au jet d'eau.

Variante : être le premier à faire toucher à sa balle un mur désigné. Les jeux deviennent parallèles depuis une ligne de départ matérialisée.

Remarques
Avec le même matériel, certains joueurs sont efficaces alors que d'autres ne le sont pas. Après plusieurs jeux, l'adulte demande au groupe d'observer des réponses très caractéristiques : l'une performante, l'autre presque inefficace, en orientant leur attention sur les différences de distance entre l'objet et le lanceur d'eau, de remplissage de l'engin ou de pression exercée.

Perceptions visuelles

La goutte d'eau
Un conte ou un album racontant l'histoire d'une goutte d'eau, comme *Le diamant et la goutte de rosée* [1], permet de susciter chez l'enfant un état d'accueil, une qualité d'écoute, nécessaires à l'attention qui lui sera demandée lors des recherches suivantes. Pour « posséder une goutte d'eau », les enfants rivalisent d'idées et décident d'exploiter aussitôt les plus réalisables, c'est-à-dire voler une goutte d'eau au robinet, faire une goutte avec ses doigts trempés, se servir d'un compte-gouttes ou utiliser la « soufflette » (engin servant à pulvériser le fixateur sur les dessins au fusain ou à disperser de très fines gouttelettes de couleurs).
L'adulte donne à chacun un morceau de rhodoïd transparent et demande de tester ces différents moyens pour construire de belles gouttes, rondes et bombées.

1. *Comment raconter des histoires.* Voir bibliographie.

La « soufflette » est vite écartée car elle forme des gouttes trop petites, très nombreuses et souvent mal formées, le robinet aussi, car la violence du choc sur le rhodoïd provoque l'éclatement de la goutte. Aussi, les moyens qui semblent les plus fiables restent les doigts et le compte-gouttes.

Il est proposé au groupe d'observer les caractères d'un journal, ou d'une revue à travers une goutte d'eau, en approchant ou en éloignant plus ou moins le rhodoïd, et d'observer ses propres traces dessinées ou écrites.
Le grossissement du dessin des lettres est très vite découvert; quant à l'image inversée et rétrécie, des situations favorisent son émergence. Comme celles de regarder ses pieds à travers la goutte ou d'observer un objet ou une image posée au sol à travers la goutte.
Puis l'adulte offre aux enfants la possibilité d'utiliser des loupes véritables de différents grossissements et fabrique avec eux des loupes à l'aide de diverses formes creuses en plastique transparent. Pour cela, il récupère des emballages-présentoirs en rhodoïd dur et transparent à fonds variés mais lisses (fonds plats, sphériques, cylindriques) que les enfants remplissent d'eau.
Ceux-ci observent les formes qui grossissent, celles qui ne grossissent pas, trient les récipients selon la forme du fond et découvrent les effets produits par chacune de ces formes :
– *les fonds plats ne changent rien du tout,* dit Isabelle;
– les demi-sphères forment loupe et inversent l'image en la rapetissant;
– les demi-cylindres déforment différemment selon le sens de l'observation.

Observations dirigées
Certaines situations modifient les perceptions et rendent sensibles celles du grossissement des objets et l'illusion de leur rapprochement.
Les conditions sont facilitées, à la piscine, lorsqu'il est possible de regarder dans l'eau, à l'aide d'un masque, ses propres pieds, ceux des copains ou de la maîtresse, d'aller chercher divers objets dont la taille est très familière aux enfants (les autos miniatures, par exemple), d'essayer d'envoyer différents objets à travers une cible verticale (cerceau) ou de dessiner sous l'eau avec une craie sur une ardoise, pour comparer aussitôt l'exploit à l'air libre.
A la suite de ces observations en milieu aquatique, il s'agit, en classe, d'immerger à moitié des objets de forme régulière comme

un parallélépipède rectangle, un cylindre ou des objets familiers et d'observer ceux-ci, les yeux à hauteur du niveau de l'eau, dans des récipients transparents à côtés plans ou cylindriques.
Les enfants remarquent aussitôt l'illusion de la cassure de l'objet, le grossissement, très perceptible dans le récipient cylindrique, l'illusion du rapprochement de l'objet dans les deux cas.

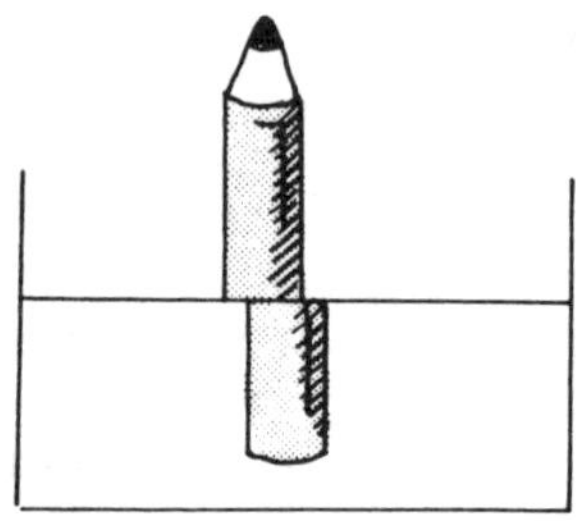

Promenade au bord d'un lac
Profitant d'une sortie un jour sans brise aux abords d'une eau dormante, l'adulte fait reconnaître les éléments qui s'y reflètent et permet des jeux qui troublent ces reflets (jets de pierres, ricochets).
Plus tard, les enfants cherchent à retrouver ces effets produits en eau troublée ou en eau calme, à travers des photos ou des reproductions de peinture, et leurs dessins s'enrichissent de ces images inversées, de ces jeux de symétrie.

L'eau en mouvement

Expérimentations
Il s'agit, à travers la découverte de techniques utilisées en arts plastiques, de favoriser l'observation des comportements de l'élément liquide et, en particulier le fait que l'élément liquide coule en s'orientant suivant la pente.
Comme il s'agit de laisser l'initiative à l'élément liquide et afin d'éviter toute tentation d'utiliser le pinceau pour modifier les trajets de l'eau, l'adulte donne des ustensiles comme : cuillère, compte-gouttes...

Expériences proposées : sur un support feuille mouillée, plutôt aquarelle qui supporte sans dommage les trempages successifs, il s'agit d'expérimenter les effets produits par :
– l'aspersion de couleurs fluides à l'aide de différents ustensiles : mains, compte-gouttes, passoire, cuillère, pipette... ;

– le retrait de matière liquide avec du buvard, du sopalin, ou une éponge;
– l'impression du tissu, éponge sèche, papier froissé, déplié et posé à plat sur la feuille enduite de peinture, et retiré sans faire glisser : les deux impressions sont intéressantes;
– l'inclinaison des supports pour jouer avec les couleurs (varier les orientations, les inclinaisons);
– l'immersion de la feuille colorée en lui imprimant un mouvement;
– le séchage sur des supports à reliefs variés : carton ondulé, grille, plastique d'emballage à bulles, supports troués...
– les couleurs de peinture fluide contenue dans une boîte percée selon certains trajets : technique appelée *dripping,* inventée par Pollock en 1947;
– les projections d'eau sur la peinture encore plus ou moins fluide avec la main, un compte-gouttes...
– les pliures du support afin de créer une symétrie;
– les révélations de traces de carbones ectographiques de couleurs différentes sur une feuille livrée à l'eau.
Ces expériences peuvent se combiner : par exemple, dripping, plus projection d'eau, plus impression de papier froissé.
Ces « productions » nées plus ou moins du hasard, de l'accidentel, pourront devenir le support de toute une fantasmagorie et servir de point de départ à une production employant des outils plus conventionnels : pinceaux, plumes, craies...

Sorties – découvertes
Dans la nature, lors de sorties, l'enseignant facilite l'observation des mouvements de l'eau : méandres, chutes, vagues, tourbillons... Dans la ville, le village, les groupes d'enfants partent à la recherche de fontaines, de jets d'eau, de puits, de châteaux d'eau.
A l'école ou à la piscine, l'adulte propose des pistes de recherche, comme retrouver les mouvements de l'eau observés dans la nature, dans la ville, et construire un jet d'eau, une chute d'eau, une fontaine, un écoulement avec des méandres, des vagues, un entonnoir tourbillonnaire...

Expérience : les dessins de l'eau colorée
Il s'agit d'observer les effets produits par la rencontre d'une eau colorée dans une eau limpide.
Dans des récipients transparents (un verre haut, par exemple) les enfants déposent avec un pinceau, par petites quantités, de l'eau

colorée (couleurs aquarelles si possible) et observent les formes développées par l'eau colorée en surface, en profondeur. Ils peuvent imprimer à l'eau un mouvement lent. L'adulte donne deux couleurs à chacun, et demande de changer l'eau sitôt qu'elle perd sa transparence.

La dissolution

A partir de l'écoute d'un conte *Le petit moulin* ou *Comment la mer devint salée* [1], l'adulte demande au groupe d'enfants d'inventer une autre fin à l'histoire : « Imaginez que le cuisinier du navire ait eu besoin de sucre, que se serait-il passé? »
Un album, *Et si la mer était sucrée* [2], peut compléter ce genre de rêves sur les différents goûts de l'eau.
Après ces moments d'images rêvées, et tout en rappelant à l'enfant que ce sont des jeux inventés par l'imaginaire du conteur, l'adulte questionne l'enfant sur son vécu gustatif à propos de l'eau de mer, de l'eau de piscine, et lui demande comment obtenir de l'eau de différents goûts : sucrée, salée, amère...

A partir des réponses, les enfants tentent de faire disparaître, dans des verres d'eau identiques, différentes substances.
Plus tard, il s'agira d'observer et de tester ce qui s'est « passé » et ce que sont devenus sel, sucre, bonbon, chocolat...
Certains sont devenus invisibles, mais ont-ils disparu?
Des enfants goûtent aux diverses solutions qui sont unanimement reconnues et étiquetées pour être identifiées facilement.
Les résultats de l'expérience de dissolution ou non-dissolution sont consignés sur un tableau où sont distingués les corps qui se sont dissous et ont disparu, et les autres.

corps non dissous 	corps dissous 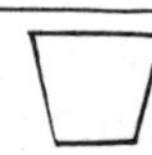
 chocolat  bonbon	 sel 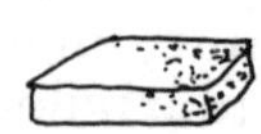 sucre

1. *Comment raconter des histoires.* Voir bibliographie.
2. Voir bibliographie.

Les métamorphoses de l'eau

La neige
L'adulte saisit un moment exaltant pour les enfants, comme la première chute de neige, avec tous ses projets incontournables : jeux de glisse avec sac-poubelle ou luge, bataille de boules de neige, galipettes et autres cabrioles et aussi la construction de petits bonshommes de neige individuels, ou autres sculptures, que certains décident, en fin de journée, de mettre dans la classe pour les préserver du saccage que ne manqueraient pas de leur faire subir d'autres enfants de l'école.
Malheureusement, le lendemain, désolation des créateurs : à la place du bonhomme, il ne reste sur les supports (plats, plateaux, cuvettes) que de l'eau. Que s'est-il passé? Fabien répond : *« Il fait trop chaud dans la classe, ils ont fondu. »*

Le maître propose de vérifier, en suggérant au groupe de confectionner différents bonshommes qui seront placés à différents endroits de la classe et qui pourront être observés. Christophe décide de déposer le sien sur le rebord de la fenêtre à l'extérieur, l'enseignant place le sien à côté du radiateur de la classe.
A différents moments de la journée, chacun observe l'histoire de son personnage de neige. Celui de l'adulte diminue très vite, celui de Christophe ne semble pas changer d'apparence. Devant ce constat, les enfants trouvent des solutions pour éviter ce drame : il faut acheter un réfrigérateur, ou arrêter les radiateurs et ouvrir les fenêtres, ou faire comme Christophe et déposer son personnage sur le rebord de la fenêtre.
Après discussion, la dernière solution semble la seule vraiment réalisable.

La patinoire (ou la plaque de glace)
Si les enfants ont la possibilité d'accéder à une patinoire, il est intéressant d'observer leurs différentes approches du milieu.
En dehors des recherches d'équilibre et des glissades, l'enfant appréhende la glace sensoriellement en la touchant, il n'est pas rare de voir certains d'entre eux collecter les particules de glace accrochées par la lame des patins, les modeler en une boule et porter celle-ci aux lèvres pour la sucer... comme de la glace!
Ils ont d'ailleurs ce même réflexe avec la neige et s'en délectent également! L'adulte intervient pour raison d'hygiène.

QUELQUES DONNÉES POUR L'ENSEIGNANT

Propriétés physiques

Pure, l'eau est un liquide incolore, transparent, inodore et insipide.
– Comme tout liquide, l'eau occupe un volume bien défini, virtuellement incompressible et corrélativement, la pression développée en un point se transmet partout de façon égale (applications nombreuses dans le domaine hydraulique).
– Contrairement aux solides, les liquides ne peuvent résister à une force qui tend à diviser leur masse. En tout point d'un liquide la pression est la même dans toutes les directions.
Vers 240 avant J.-C., le savant grec Archimède énonça le principe : « Lorsqu'un objet est complètement ou en partie immergé, il s'exerce sur lui une poussée verticale, dirigée de bas en haut et égale au poids du liquide déplacé. » Ce qui explique que, malgré leur densité plus forte que celle de l'eau, des objets métalliques creux puissent « flotter ». Application : construction des navires.
– Dans un liquide, chaque molécule est attirée par celles qui l'entourent avec une force résultante nulle. Les molécules de la surface, n'étant attirées que vers l'intérieur de la masse liquide, forment une mosaïque de molécules se comportant comme une membrane tendue : c'est la tension superficielle. Elle explique qu'une aiguille (la densité de l'acier est 8 fois supérieure à celle de l'eau) ou qu'un insecte plus dense que l'eau puissent flotter. La tension superficielle et la viscosité d'un liquide sont en relation directe avec cette force de cohésion. La goutte d'eau doit sa forme sphérique à cette tension superficielle due à l'attirance des molécules périphériques vers le centre de la masse du liquide où toutes les forces s'annulent.

La « forme de la goutte d'eau », lors de sa chute, est due au frottement des molécules d'air sur celle-ci.

– Les différents états de l'eau
L'eau fait partie des substances qui peuvent adopter trois états : l'état solide en dessous de 0° C, l'état liquide entre 0° C et 100° C, l'état gazeux au-dessus de 100° C.
A l'état solide ou liquide, les molécules d'eau sont reliées entre elles par des forces « intermoléculaires » et elles sont continuellement animées d'un mouvement appelé « agitation thermique », dont la vitesse croît avec la température. Cette agitation thermique s'oppose directement à l'attraction moléculaire.
Dans sa forme gazeuse, c'est l'agitation thermique qui prédomine sur l'attraction moléculaire.
Dans sa forme liquide, les molécules d'eau sont plus libres de se mouvoir que les molécules enchaînées du réseau cristallin de la glace.
– La distance moyenne entre deux molécules est plus grande dans un liquide que dans un solide.
La plupart des liquides se dilatent sous l'effet de la température. Application : thermomètre à mercure.
La transformation de l'état solide à l'état liquide entraîne aussi une augmentation de volume.
L'eau sous forme de glace (solide) est une exception à cette règle. En effet, elle se rétracte de 10 % en fondant.

L'eau passe de l'état liquide à l'état gazeux de deux façons :
– par évaporation : à température ordinaire, des molécules d'eau s'échappent à la surface du liquide. Dans un récipient clos, il s'établit un équilibre entre l'élément liquide et l'élément dans sa forme gazeuse. Autant de molécules s'échappent et autant y reviennent. C'est le principe de fonctionnement des serres en vase clos;
– par ébullition : lorsque l'eau est chauffée, les molécules s'agitent de plus en plus et au point d'ébullition (100° C pour l'eau) s'évadent sous forme de vapeur. Le point d'ébullition d'un liquide varie en fonction de sa viscosité : le vin et l'eau ont presque le même point d'ébullition avec une faible viscosité alors que l'huile, plus visqueuse, bout à une plus haute température.

Propriétés chimiques

– Propriétés dissolvantes

L'eau a la propriété de dissoudre un grand nombre de corps jusqu'à un seuil de saturation. Le seuil varie d'un élément à l'autre et est fonction de la température du liquide. Ainsi, une solution est saturée lorsqu'elle cesse de dissoudre une substance. A température ambiante, 100 g d'eau dissolvent 35 g de sel marin. L'augmentation de chaleur permet d'augmenter la quantité dissoute. Si la température baisse, le liquide se sursature.

– Propriétés oxydantes

Composition : l'eau est un corps composé d'oxygène et d'hydrogène. Pour donner l'eau, ces deux gaz se combinent en proportions parfaitement déterminées : H_2O.

L'eau agit sur un grand nombre de corps : certains métaux décomposent l'eau, se combinent à l'oxygène et libèrent l'hydrogène.

Propriétés optiques

– La réfraction

Le bout du crayon sous l'eau paraît brisé parce que sa lumière est réfractée en sortant de l'eau. Le bout semble plus proche de la surface. En effet, les rayons lumineux se brisent en traversant la surface, s'écartant de celle-ci s'ils pénètrent un milieu plus dense (sens air-eau), s'en rapprochant s'il s'agit d'un milieu moins dense (sens eau-air, ici celui du crayon dans l'eau).

Dans l'eau, les objets semblent plus proches, la distance apparente est égale aux trois quarts de la distance réelle.

– La réflexion

Une couche d'eau unie se comporte exactement comme un miroir plan.

Dès que l'eau s'agite, les rides diffusent la lumière et empêchent d'observer une réflexion régulière.

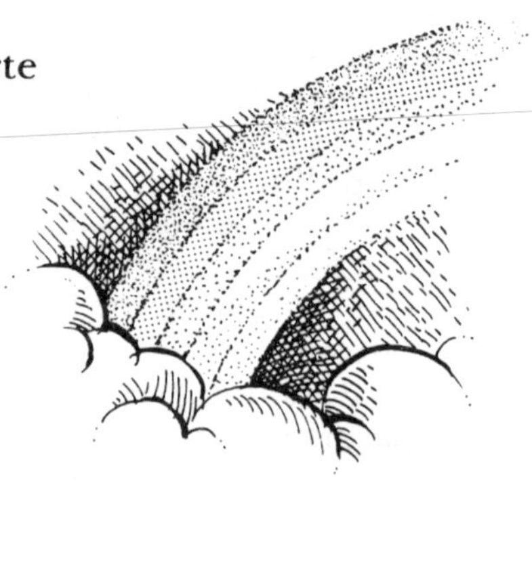

La symbolique

Le concept d'eaux primordiales, masse indifférenciée, source et véhicule de toute vie, semble presque universel. Il contient à la fois toutes les promesses de création, de vie, de régénération et toutes les menaces de résorption, de destruction, de mort.

L'eau a le pouvoir de se combiner avec d'autres éléments, de transformer d'autres substances, de s'imprégner de toutes les couleurs, de toutes les saveurs, de toutes les odeurs.

L'eau descendante venue du ciel est associée au feu ouranien, indice de bienveillance divine, masculine, signe de fécondité; et l'eau d'en bas, native de la terre, féminine, est associée à la Lune, à l'idée de fertilité, de nativité, de sensualité : « L'eau nous porte, l'eau nous berce, l'eau nous endort, l'eau nous rend notre mère » (G. Bachelard).

Les points d'eau, et surtout les fontaines, et les sources, tels des sanctuaires demeurent souvent des lieux de rencontre, de révélation capitale dans l'évolution de l'individu.

Enfin l'eau, parce qu'elle coule selon la pente du terrain, parce qu'elle est « libre et sans attache, qu'elle n'a pas de contestation » est le symbole de la sagesse taoïste.

BIBLIOGRAPHIE

Albums

ANDERSEN H. C., *La petite sirène.*

BAUMANN H. et BORATYNSKI A., *La petite goutte d'eau,* Fleurus.

CARTWRIGHT A. et R., *L'arche de Zoé,* Folio Benjamin.
Et si la mer était sucrée, Folio Benjamin.

COLMONT M., *Perlette goutte d'eau,* Père Castor, Flammarion.

CONE BRYANT S., *Comment raconter des histoires; classes maternelles,* Nathan.

GRIMM J. et W., *Le roi crapaud.*

HASEGAWA S. et HANABUSA S., *L'eau,* L'école des loisirs.

PACHECO M.A., SANCHEZ-GARCIA J.L., *Je suis une goutte d'eau,* Granger.

RUILLE B., *Histoire du nuage qui était l'ami d'une petite fille,* Grasset.

SOLOTAREFF G., *Qui flotte? Qui nage?,* Hatier.

ZATON J. et GÁBAN J., *Les combattants de la lune,* Le Seuil.

Ce qui flotte, coll. Savant en herbe, Gamma.

Les effets de l'eau, coll. Savant en herbe, Gamma.

Documentaires

BACHELARD G., *L'eau et les rêves,* J. Corti.

CARPI P., *Le livre de l'eau,* Atlas.

GRÉE A., *L'eau,* Casterman.

SCHWENK T., *Le chaos sensible,* Triades.

Cet ouvrage a été composé
et achevé d'imprimer
en septembre 1992
par l'Imprimerie Floch à Mayenne.
Dépôt légal : janvier 1990.
N° d'imprimeur : 32916.
N° d'éditeur : 500.